Berlin
ABENTEUER

MICHAEL BUSSMANN
GABRIELE TRÖGER

1
2
3
4
5
6
7
8

JETZT SCHON IN 2. AUFLAGE!

Michael Müller Verlag

DIE AUTOREN:

+++ **GABRIELE TRÖGER** +++
+++ **MICHAEL BUSSMANN** +++
+++ NIX GESCHEITES GELERNT, NUR STUDIERT: ER (GEB. 1967 IN ESSLINGEN) GERMANISTIK UND POLITOLOGIE, SIE (GEB. 1972 IN ARZBERG/OFR.) GERMANISTIK UND TURKOLOGIE +++ REISEBUCHAUTOREN SEIT DEN 1990ERN +++ SCHREIBEN ÜBER DIE TÜRKEI, TSCHECHIEN, MALTA, BRANDENBURG, DIE AZOREN UND IHRE LIEBLINGSSTADT IN DEUTSCHLAND +++ NACH VIELEN WANDERJAHREN LEBEN SIE HEUTE IN BERLIN +++ HIERDADORT.DE +++

IN DER RIESIGEN, KNURRIGEN Hauptstadt kann man viel machen, wenn man will! Für dieses Buch sind wir raus aus unserer Kreuzberger Bude und rein ins pralle Leben. Wir haben Anne Will einmal nicht von der Couch, sondern live beim Talken zugesehen. Wir haben Heuschrecken gegessen und geräucherten Tee getrunken. Wir sind über das Tempelhofer Feld geradelt, das größer als Monaco ist. Wir sind mit dem Trabi durch Mitte gegurkt und mit dem Tretboot über den Wannsee. Wir haben Musik an außergewöhnlichen Orten gehört. Dinosaurier beguckt. Und einer von uns ist zum Schluss gar vom Hochhausdach gefallen. Aber jetzt sind Sie erst mal dran – bitte nachmachen und Spaß haben! Mindestens genauso viel wie wir!

Gabriele Tröger und Michael Bussmann,
Berlin – Stadtabenteuer

ZUR REIHE:

WIE NÄHERT MAN SICH EINEM WELTBEKANNTEN ORT MAL ANDERS?

Wir wollten das übliche Reiseführer-Konzept einmal komplett umdrehen. Dafür haben wir die Sehenswürdigkeiten klein- und die Erlebnisse großgezogen. Es geht darum, die Mentalität einer Stadt, einer Insel oder einer Region zu erkunden: durch Abenteuer, die jeder selbst unternehmen kann – und die man gar nicht so leicht via Google und Co. findet!

Im Mittelpunkt der Erlebnisse stehen außergewöhnliche Unternehmungen abseits aller Klischees: unerwartete Führungen, aber auch Kulinarik, Ausflüge in die Natur, manchmal Lost Places. Dabei war uns wichtig, dass die meisten Erlebnisse kostenlos oder günstig (= 15 Euro oder weniger) sind. Außerdem gilt: Die Abenteuer finden häufig statt und sind von echten Expertinnen und Experten ausgewählt. Das heißt, unsere Autorinnen und Autoren leben vor Ort oder haben »ihr« Reiseziel oft besucht.

Unser Ausgangspunkt ist es stets, einen bekannten Ort noch einmal neu zu entdecken – mit Unternehmungen, bei denen man sich fragt: Wieso haben wir das eigentlich noch nie gemacht?

Matthias Kröner, Herausgeber und Redaktion
Berit Kröner, grafisches Konzept und Herstellung

VORWORT	2
ANKOMMEN	10
RUMKOMMEN	11

1 MITTE 12

KUNST IM NAZI-BUNKER 16
Führung durch die hochkarätige Sammlung Boros

WEDER GEHUPFT NOCH GESPRUNGEN 20
Baseflying vom Park Inn Hotel am Alexanderplatz

DURCH DIE SCHEISSE IN DIE FREIHEIT 24
Geisterbahnhöfe und Fluchttunnel:
Tour M des Berliner Unterwelten e. V.

GÜNSTIG, FAMILIENFREUNDLICH
ZUM URPFERD IM WILDSCHWEINMANTEL 28
Familienführung im Museum für Naturkunde

KLASSIK UNTERM WELLBLECHDACH 32
Ein Kammermusikabend im Piano Salon Christophori

FAMILIEN-FREUNDLICH	**POLONÄSE TRABINESE**	36
	Auf Trabi-Safari durch den Großstadtdschungel	
	ZWEI FLASCHEN SIND EIN BRÖTCHEN	40
	Mit einem Ex-Obdachlosen auf Tour	
	WENN MAN SCHON MAL IN MITTE IST	44
	Sehen Essen Ausgehen Shoppen Schlafen	

2 TIERGARTEN UND SCHÖNEBERG 52

KOSTENLOS	**HERO MIT OBERLIPPENBART**	56
	Auf David Bowies Spuren zum »Anderen Ufer«	
GÜNSTIG, FAMILIEN-FREUNDLICH	**STADTROMANTIK MIT ROTEN KREBSEN UND BRAUNEN BIBERN**	60
	Im Ruderboot über den Neuen See	
KOSTENLOS	**DER POLITIK AUFS DACH STEIGEN**	64
	Eine Plenarsitzung im Bundestag	
	GERÄUCHERT ODER BLAU?	68
	Zum Afternoon Tea im Ritz-Carlton	
	WENN MAN SCHON MAL IN TIERGARTEN UND SCHÖNEBERG IST	72
	Sehen Essen Ausgehen Shoppen Schlafen	

3 CHARLOTTENBURG-WILMERSDORF   80

MEER IM MUND   84
Austernschlürfen im Kaufhaus des Westens

GÜNSTIG, FAMILIENFREUNDLICH
WO ALLE HINWOLLEN, WILL HERTHA WEG   88
Highlight-Tour durchs Olympiastadion

GÜNSTIG, FAMILIENFREUNDLICH
HEUSCHRECKEN UND PAPAYASALAT   92
Ein Essnachmittag im Thaipark

WENN MAN SCHON MAL IN CHARLOTTENBURG-WILMERSDORF IST   96
Sehen
Essen
Ausgehen
Shoppen
Schlafen

4 KREUZBERG UND TEMPELHOF 104

KOSTENLOS **MIT TIGERKOSTÜM UND POLIZEIESKORTE** 108
Critical Mass: die etwas andere Stadtradtour

KATHEDRALE DER SUBKULTUR 112
Ein Punkkonzert im SO36

AUSGEFLOGEN 116
»Mythos Tempelhof«: Führung
durch den ehemaligen Zentralflughafen

PAILLETTE GEHT IMMER 120
Jurassica Parkas Late-Night-Show im BKA-Theater

TOFUTUSSIS UND KEULENKUMPEL 124
Streetfood Thursday in der Markthalle Neun

FEFFI UND MEXI 128
Unterwegs in Kreuzbergs 24-Stunden-Kneipen

**WENN MAN SCHON MAL
IN KREUZBERG UND TEMPELHOF IST** 132
Sehen, Essen, Ausgehen, Shoppen, Schlafen

5 NEUKÖLLN 140

KOSTENLOS, FAMILIENFREUNDLICH — **KINO, KIFFER, AKROBATEN** 144
Räudig, aber bunt: ein Spaziergang
durch den Volkspark Hasenheide

GÜNSTIG — **»HEUTE BILLIG, MORGEN TEUER!«** 148
Auf dem Türkenmarkt am Maybachufer

FAMILIENFREUNDLICH — **DUNG-DONG-DING: DER FLUSS MACHT DIE MUSIK** 152
Große Brückenfahrt auf Spree und Landwehrkanal

WENN MAN SCHON MAL IN NEUKÖLLN IST 156
Sehen
Essen
Ausgehen
Shoppen
Schlafen

6 PRENZLAUER BERG 164

KOSTENLOS, FAMILIENFREUNDLICH — **SCHAULAUF DER RAMPENSÄUE** 168
Sonntagskaraoke im Mauerpark

KOSTENLOS, FAMILIENFREUNDLICH — **GRENZERFAHRUNGEN** 172
Mauerweg-Radtour von der Bösebrücke
zur Oberbaumbrücke

GÜNSTIG — **EINMAL BIO OHNE MIT POMMES!** 176
Currywurst-Tour durch die Stadt

WENN MAN SCHON MAL IM PRENZLAUER BERG IST 180
Sehen, Essen, Ausgehen, Shoppen, Schlafen

7 FRIEDRICHSHAIN 188

KOSTENLOS **TRAINSPOTTING UNTERM PLÜSCHHIMMEL** 192
Ein Sonnenuntergang auf der Modersohnbrücke

GÜNSTIG **ALLES SO SCHÖN BUNT HIER** 196
Drei Stunden Kurzweile:
Street-Art-Tour mit Alternative Berlin

WENN MAN SCHON MAL IN FRIEDRICHSHAIN IST 200
Sehen
Essen
Ausgehen
Shoppen
Schlafen

8 ABSEITS VOM SCHUSS 208

GÜNSTIG, FAMILIENFREUNDLICH **RUMMEL OHNE RUMMEL** 212
Eine Führung durch den Lost Place Spreepark

GÜNSTIG, FAMILIENFREUNDLICH **ZWISCHEN SIXPACK UND BURKINI** 216
Chillaxen im Strandbad Wannsee

GÜNSTIG **ZAUNGAST IN ANNES WOHNZIMMER** 220
Als Zuschauer beim Live-Polittalk »Anne Will«

KOSTENLOS **TOT IST NUR, WER VERGESSEN WIRD** 224
Ein Spaziergang über den Jüdischen Friedhof in Weißensee

GÜNSTIG **BIG EAR IS HEARING YOU** 228
Teufelsberg-Tour: von der Abhörstation der Alliierten zur Street-Art-Galerie

WENN MAN SCHON MAL IN BERLIN IST 232
Sehen, Essen, Ausgehen, Shoppen, Schlafen

ANKOMMEN

+++ BERLIN LIEGT ETWA AUF DEMSELBEN BREITENGRAD WIE BIRMINGHAM UND DEMSELBEN LÄNGENGRAD WIE PALERMO UND ERSTRECKT SICH ÜBER EINE FLÄCHE VON 891,82 QUADRATKILOMETERN +++ DIE OST-WEST-AUSDEHNUNG BETRÄGT 45 KILOMETER, IN NORD-SÜD-RICHTUNG SIND ES 38 KILOMETER +++ PARKS, WÄLDER, SEEN, FLÜSSE UND WASSERSTRASSEN MACHEN MEHR ALS 30 PROZENT DES STADTGEBIETS AUS +++ BERLINER WETTER KANN WIE IN PALERMO SEIN: IM FEBRUAR KNAPP 19 GRAD (GEMESSEN 1990), IM AUGUST AN DIE 39 GRAD CELSIUS (2015) +++ IN DER STADT LEBEN CA. 3.775.000 MENSCHEN AUS ÜBER 190 NATIONEN IN RUND ZWEI MILLIONEN HAUSHALTEN, DIE HÄLFTE DAVON SIND SINGLEHAUSHALTE +++ AUSSERDEM IN BERLIN ZU HAUSE: 5.000 WILDSCHWEINE UND MEHRERE MILLIONEN RATTEN +++ MEHR ZAHLEN BEI: STATISTIK-BERLIN-BRANDENBURG.DE +++

WENN MAN IN BERLIN ANKOMMT:

In Berlin ankommen ist gar nicht so schwer. Nur manchmal ein wenig nervig. Wer mit dem Flieger kommt, muss erst mal sein Gepäck bekommen, was nicht immer funktioniert! Nächste Hürde: das Weiterkommen. Die S-Bahn zum Beispiel. Sie fährt, sofern sie fährt, wie sie will! Noch schlimmer die Busse. Die kommen oft gar nicht (und wenn sie dann kommen, gleich dreimal hintereinander). Nee, jetzt ohne Witz: Geht alles, nur ein bisschen Zeit mitbringen!

++++++++ RUMKOMMEN ++++++++++

IM HANDTELLERFLACHEN BERLIN wird geradelt, was geht. Für zwei Stadtabenteuer sind gar Räder vonnöten. Radverleiher gibt es im Zentrum an vielen Ecken. Dazu stehen allerorten Räder, Tretroller und Scooter von Nextbike (nextbike.de), Tier (tier.app), Bird (bird.co), Lime (li.me), Uber (uber.com), Call a Bike (callabike.de) oder Bolt (bolt.eu) bereit.

Der öffentliche Nahverkehr Berlins kennt drei Tarifzonen. Für fast alle Abenteuer und Adressen in diesem Buch genügt ein sogenannter **AB-Fahrschein** – damit kann man S-Bahn, U-Bahn, Straßenbahn und Bus fahren. Lediglich nach Potsdam und zum Hauptstadtflughafen Berlin-Brandenburg benötigt man ein **ABC-Ticket**.

24-STUNDEN-KARTEN kosten 8,80 Euro (AB) bzw. 10 Euro (ABC). Wer als Pärchen oder Kleinfamilie länger bleibt, für den kann die **VBB-7-Tage-Umweltkarte** von Vorteil sein. Sie kostet **36 Euro (AB)** bzw. **43 Euro (ABC)** und erlaubt Sa/So und feiertags ganztägig sowie werktags von 20 bis 3 Uhr die Mitnahme eines weiteren Erwachsenen und dreier Kinder bis 14 Jahre. **Kurzstreckenfahrscheine** (gültig für drei S- oder U-Bahn-Stationen, 6 Bus- oder Straßenbahnstationen) kosten **2 Euro (AB)**, **Einzelfahrscheine** (gültig für zwei Stunden in eine Richtung) **3 Euro (AB)**. Schwarzfahren kostet 60 Euro, Kontrollen sind häufig.

1
MITTE
+++ ERLEBEN +++

MITTE STEHT FÜR VIELES IN BERLIN. Vor allem aber für den Ortsteil Mitte des Bezirks Mitte. Merken Sie sich einfach, dass hier der Fernsehturm zu finden ist, die Museumsinsel, der Boulevard Unter den Linden, das Brandenburger Tor und der Gendarmenmarkt. Merken Sie sich, dass man in der Spandauer Vorstadt gut shoppen kann. Und dass sich Mitte auch so einige Viertel mit Flecken und Falten einverleibt hat – die aber dennoch spannend sind. Der Wedding zum Beispiel, wo zwei unserer Mitte-Abenteuer angesiedelt sind.

NIKOLAIVIERTEL

<--MITTE

KUNST IM NAZI-BUNKER

FÜHRUNG DURCH DIE HOCHKARÄTIGE SAMMLUNG BOROS

<--MITTE

ORANIENBURGER STRASSE

+ + + **STECKBRIEF** + + +
+++ **WO?** REINHARDTSTR. 20 +++ U6 ORANIENBURGER STRASSE +++ **WANN?** FR-SO 10.30-19 UHR +++ SAMMLUNG-BOROS.DE +++ **WIE LANGE?** CA. 1,5 STUNDEN +++ **WICHTIG!** EINE ONLINE-VORANMELDUNG IST OBLIGATORISCH, BUCHEN SIE AM BESTEN CA. 2 MONATE IM VORAUS! +++ **WIE VIEL?** 18 EURO, ERM. 10 EURO +++

»DA HAT ES SCHWEISS von der Decke geregnet«, erzählt uns Cosima, eine blasse, schmale Frau mit langen braunen Haaren und Sneakers. »Es gab auch eine ganze Etage voller Darkrooms.« Eine ganze Etage! Unsere Augen werden groß, als Cosima von den wilden Zeiten des Technoclubs »Bunker« erzählt. Als »härtester Club der Welt« ging er zwischen 1992 und 1996 in die Annalen der Berliner Partygeschichte ein. Wo einst auf Teufel komm raus geravt und gevögelt wurde, gibt es nun Kunst vom Feinsten zu bestaunen, die Cosima uns heute näherbringt. Zu verdanken ist die Sammlung dem schwerreichen Medienunternehmer Christian Boros und seiner Frau Karen. Sie kauften den ehemaligen NS-Luftschutzbunker im Jahr 2003, um dort ihre unkonventionelle Sammlung zeitgenössischer Kunst mit Otto Normalkunstinteressiertem zu teilen.

DOCH WOLLEN WIR BEI ADAM UND EVA beginnen. Der düstere Hochbunker, ein immer noch mit Kriegswunden und Einschusslöchern übersäter Betonkubus, wurde im Jahr 1941 innerhalb von sechs Monaten erbaut. Zwangsarbeiter mussten dafür schuften. »Es ist ein Bunker vom Typ M 1200«, so Cosima. »M« stand für »Menschen«, »1200« für die Anzahl derer, die hier untergebracht werden konnten. Nach dem Krieg nutzte die Rote Armee den Bunker als Gefängnis. Zu DDR-Zeiten diente er als Kühlschrank für Südfrüchte, weshalb er im Volksmund auch »Bananenbunker« genannt wurde. Nach der Wende als oben erwähnter Club.

Fünf Jahre währten die Umbauarbeiten, bis hier 2008 die erste Ausstellung gezeigt werden konnte. Das Gebäude hat man dabei teilentkernt – eine echte Herausforderung für die Architekten. Aus den 120 klaustrophobischen Schutzkammern des Bunkers wurden 80 etagenübergreifende, luftige Räume. Die Hängungen wechseln alle vier Jahre. Wir sind zum dritten Mal hier. Bei unseren letzten Besuchen sahen wir Werke von Ai Weiwei und Olafur Eliasson. Dieses Mal begegnen wir welchen von He Xiangyu, Anne Imhof, Paolo Nazareth und vielen mehr.

EINEN KURATOR GIBT ES NICHT. Das Ehepaar Boros allein entscheidet, was zu sehen ist und was nicht. Rund 3.000 Quadratmeter Ausstellungsfläche kann es dabei bespielen. Über fünf Stockwerke verteilt. Die Arbeiten, die im kalten Licht von Neonröhren gezeigt werden, sind nicht immer gefällig. Können ganz schön sperrig sein in Größe und Aussage. Und frösteln lassen im ohnehin schon kühlen Bunker. Wie die absurd verdrehten Frauenkörper der schwedischen Künstlerin Anna Uddenberg: In hypersexualisierten Posen schießen sie Selfies von ihren Genitalien und stellen so den Social-Media-Wahn infrage. Oder die bizarre Arbeit der mexikanischen Künstlerin Berenice Olmedo, die Kinder-Orthesen zum Leben erweckt. Nur ein Bruchteil der Boros-Kollektion wird im Bunker gezeigt. Der Rest ist im Depot und im Penthouse der Familie Boros untergebracht. Dieses befindet sich in einem gläsernen Überbau auf dem Bunker, samt Pool und begrünter Dachterrasse. Wie schade, dass wir da nicht hinaufdürfen!

WENN MAN SCHON MAL HIER IST:

Nur ein paar Schritte von der Sammlung Boros entfernt steht der 1984 eröffnete **Friedrichstadt-Palast** ☐→. Eigentlich am falschen Ort. »Honeckers Vergnügungsbude« wurde ursprünglich als Kulturpalast für Bagdad entworfen. Heute zeigt man in dem Showtempel Revuetheater auf Weltklasseniveau. Der Friedrichstadt-Palast bietet die größte Showbühne Europas und dazu 1.895 Plätze (palast.berlin).

WEDER GEHUPFT NOCH GESPRUNGEN

BASEFLYING VOM PARK INN HOTEL AM ALEXANDERPLATZ

<--MITTE

+++ S T E C K B R I E F +++
+++ WO? ALEXANDERPLATZ 7 +++ U2/5/8 UND S3/5/7/9 ALEXANDERPLATZ +++ WANN? VON MAI BIS OKTOBER FREITAGS UND SAMSTAGS +++ BASE-FLYING.DE UND JOCHEN-SCHWEIZER.DE +++ WIE LANGE? ACHT BIS NEUN SEKUNDEN FLUG, DAUER DES GESAMTEN STADTABENTEUERS CA. 1 STUNDE +++ WICHTIG! MINDESTALTER 16 JAHRE! MINDESTGEWICHT 50 KG! HÖCHSTGEWICHT 108 KG! +++ WIE VIEL? AB 79,90 EURO +++

UNTER MIR NICHTS, es ist wie im Rausch. Als würde ich schweben. Dabei hänge ich in den Seilen! Ich blicke nach rechts, links, nach unten, nach vorne, die Eindrücke überschlagen sich. Ich kann nicht alles wahrnehmen, was ich sehe, aus einer Position, die ich nicht kenne. Aus luftiger Höhe, 125 Meter über dem Alexanderplatz. Ich will mich an etwas festhalten, doch es gibt nichts zum Festhalten. Und auf einmal wird man fallen gelassen. Der Magen kommt nicht hinterher, bleibt irgendwo bei der 30. Etage hängen. Eigentlich sollte ich Wind um die Ohren spüren. Ich kriege es nicht mit. Und in dem Moment, wo der Rausch zum reinen Glücksgefühl wird, werde ich sanft abgebremst. Schade, dass Berlin keine höheren Gebäude hat. Ich bin so gerne berauscht. Und dieser Trip hat es in sich. Ohne Pille und Promille. Was für ein Kick!

ICH BIN DER EINZIGE, der an diesem Nachmittag fliegen darf, wegen meines soliden Gewichts von über 80 Kilo. Das erlaubt den Fall in die Tiefe auch bei etwas Wind. Im Vorfeld hatte ich keine schlaflosen Nächte, keinerlei Angst. Mein Trick war, einfach nicht an den Flug zu denken.
Dann die Fahrt mit dem Lift nach oben. Der Blick von der Aussichtsplattform auf den Alexanderplatz, auf dem sich die Menschen wie helle Punkte auf dunklem Asphalt abheben. Der Blick auf den Fernsehturm mit seiner glitzernden Kapsel. Und der Blick über eine Stadt, die von unten besser daherkommt als von oben.
Noch immer keine Nervosität. Mir wird das Trapez umgegurtet. Die Einweiser strahlen Ruhe und Professionalität aus, ihre Souveränität überträgt sich auf mich. Ich werde nach oben gehoben. Ein Test an den Seilen, ob alles sitzt. So langsam wird mir mulmig. Ich soll noch etwas fürs Video sagen. Doch jegliche Coolness ist verflogen – ich stammle Nichtssagendes.
Wir betreten die Rampe, die wie ein Sprungbrett mit Reling vier, fünf Meter über das Gebäude hinausragt. Auf halber Strecke noch ein Foto. Und weiter auf dem Steg dem Nichts entgegen. Meine Knie werden weich.

MUFFENSAUSEN. Jemand vom Team sagt, ich soll die Hände aufs Geländer legen, genau da, wo das Geländer aufhört. Eine meiner Fußspitzen ragt etwas über die Rampe hinaus. Der nächste Schritt wäre ein Schritt ins Leere. In dem Moment, wo mir ganz schwummrig wird, verliere ich den Kontakt zur Rampe. Werde ich emporgehoben wie ein Sack Zement von einem Kran. Ich hänge über dem Abgrund. Gefühlte Ewigkeiten. Gesichert durch eine Abseilwinde, angeblich die schnellste Personenabseilwinde der Welt. Der Rest ist schon erzählt. Die Geschwindigkeit, mit der man hinunterjagt, ist fast Freifallgeschwindigkeit. Das sind etwa 10 Meter pro Sekunde. Oder mehr als drei Etagen pro Sekunde. Es sind Sekunden, die man nicht vergisst. Sekunden, die erst enden, wenn das Seil die Fahrt herausnimmt und dafür sorgt, dass man nicht die Decke des Burger Kings durchschlägt und in der Fritteuse landet. Der Karabiner wird geöffnet, zwei Jungs helfen mir aus den Gurten. Dann taumle ich hinaus auf den Alexanderplatz. Noch total berauscht. Dem »Wie war's?« meiner Freunde entgegen.

WENN MAN SCHON MAL HIER IST:

Nach diesem Moment des Wahnsinns vertritt man sich am besten die Füße auf dem **Alexanderplatz** und hält nach den Biberköpfen von heute Ausschau. Eine Augenweide ist er nicht, das haben Sie ja schon von oben gesehen. Ein beliebter Treff ist die 10 Meter hohe **Weltzeituhr** ⇨ aus Alu und Emaille vor dem sogenannten **Alexanderhaus**. Zu DDR-Zeiten weckte sie Reiseträume, die niemals verwirklicht werden konnten.

DURCH DIE SCHEISSE IN DIE FREIHEIT

GEISTERBAHNHÖFE UND FLUCHTTUNNEL: TOUR M DES BERLINER UNTERWELTEN E. V.

GESUNDBRUNNEN Ⓢ Ⓤ ˣ   <--MITTE

+ + + S T E C K B R I E F + + +
+++ WO? TICKETSCHALTER AN DER BRUNNENSTR. 105, START BADSTR./ECKE HOCHSTR. +++ U8 UND S1/2/25/26/41/42 GESUNDBRUNNEN +++ WANN? OFT MEHRMALS TÄGLICH, TERMINE AUF DER WEBSEITE +++ BERLINER-UNTERWELTEN.DE +++ WIE LANGE? 2 STUNDEN +++ WICHTIG! SEHR POPULÄR! KÜMMERN SIE SICH AM BESTEN SCHON EINE WOCHE VORHER ONLINE UM TICKETS! +++ WIE VIEL? TICKET 18 EURO, ERM. 15 EURO +++

WAS FÜR EIN FOTO, das uns Karl-Heinz da zeigt! Zwei junge DDR-Grenzsoldaten sitzen in einem tristen Kabuff. Ihr Blick drückt Langeweile aus. Hinter ihnen schießschartenartige Schlitze zur Überwachung eines Geisterbahnhofs. Pflichtbewusst schieben die Männer Dienst. Einen Dienst, der zu diesem Zeitpunkt hinfällig geworden war. Warum? Die Aufnahme entstand Anfang 1990. Die Soldaten im Untergrund bewachen eine Grenze, die es zu diesem Zeitpunkt nicht mehr gab.
Geisterbahnhöfe existierten auf jenen West-Berliner U- und S-Bahn-Linien, die in Abschnitten Ost-Berlin unterquerten. Die Bahnhöfe auf DDR-Terrain wurden stillgelegt, zugemauert und zusätzlich observiert, damit auch ja niemand mit der Bahn abhauen konnte. Die Flucht aus der DDR ist das große Thema der Tour mit Guide Karl-Heinz.

DIE ERSTE STUNDE verbringen wir in der sogenannten Zivilschutzanlage Blochplatz, einem verzweigten unterirdischen Bunkersystem. Im Zweiten Weltkrieg suchten hier mehrere Tausend Menschen Zuflucht vor dem Bombenhagel der Amerikaner und Briten. Heute dienen die Schutzräume dem Verein *Berliner Unterwelten* als Ausstellungsräume zum Thema »Unterirdisch in die Freiheit«. Dafür wurde unter anderem auch eine Kanalöffnung samt 130 Kilogramm schwerem Gullydeckel nachgebaut. Karl-Heinz erzählt, dass im Herbst 1961 rund 800 Menschen durch stinkende Abwasserkanäle nach West-Berlin flüchteten. »Nicht wenige in den besten Klamotten, eine Dame trug sogar ihr Brautkleid.« Doch schon nach einem Monat war Schicht im Schacht: Die Kanäle wurden vergittert. Fortan mussten Fluchttunnel gegraben werden. Rund 75 davon hat man nach der Wende entdeckt, doch nur 19 waren »erfolgreich«. Der letzte Tunnel wurde 1982 gebaut.

Während über uns die Bahn rumpelt, laufen wir mit Karl-Heinz in klaustrophobisch schmalen, schwach beleuchteten Gängen durch die Eingeweide Weddings. Das ist spooky, aber ein Klacks im Vergleich zu den engen, dunklen Fluchttunneln, durch die man sich einst in den Westen quetschte.

ZWEI U-BAHN-STATIONEN WEITER erblicken wir an der Bernauer Straße kurz wieder Tageslicht. Dort befindet sich die Gedenkstätte Berliner Mauer (siehe S. 172). Die Straße, auf der die Mauer verlief, war ein Schwerpunkt des Fluchttunnelbaus – sieben Tunnel wurden hier in den märkischen Sand gegraben. Metallplatten auf dem Boden zeigen den Verlauf eines einstigen Fluchttunnels an.

Unweit der Bernauer Straße steigen wir wieder in den Untergrund ab, in den Keller der ehemaligen Oswald-Brauerei. Von dort führt ein über 30 Meter langer Besuchertunnel zum Highlight der Tour: zu einem originalen Fluchttunnel aus den Jahren 1970/1971. Um zwei Meter dieses Fluchttunnels zu graben, schufteten vier Mann schichtweise jeweils zehn Stunden am Stück. Wir dürfen den Fluchttunnel zwar nicht begehen, aber mit Schaudern hineinblicken.

Insgesamt gelangten etwa 300 Von-der-DDR-die-Schnauze-voll-Haber in Berlin über Tunnel in den Westen. Manche bezahlten dafür mehrere Tausend DDR-Mark – Flucht ist nicht erst heute ein gutes Geschäft.

WENN MAN SCHON MAL HIER IST:

Vor der Tour lohnt ein Spaziergang durch den **Volkspark Humboldthain** (Zugang unter anderem von der Brunnenstraße). Im Park befindet sich die Ruine eines in den Jahren 1941/42 errichteten und 1948 in Teilen gesprengten **Flakturms** ⟶. Vom Flakturm aus versuchte man, Berlin gegen alliierte Luftangriffe zu verteidigen, darunter gab es Schutzbunker (der *Unterwelten e. V.* führt hindurch, siehe Webseite). Heute locken zwei Aussichtspunkte auf der Ruine Besucher an.

ZUM URPFERD IM WILDSCHWEINMANTEL

FAMILIENFÜHRUNG IM MUSEUM FÜR NATURKUNDE

<--MITTE

NATURKUNDEMUSEUM

+ + + S T E C K B R I E F + + +
+++ WO? INVALIDENSTR. 43 +++ U6 NATURKUNDE-MUSEUM +++ WANN? JEDEN SAMSTAG UND SONNTAG UM 12.30 UHR UND 14 UHR +++ MUSEUMFUERNATURKUNDE.BERLIN +++ WIE LANGE? CA. 45 BIS 60 MINU-TEN +++ WIE VIEL? 4 EURO, KINDER DIE HÄLFTE ZZGL. MUSEUMSEINTRITT (8 EURO, KINDER 5 EURO, FAMILIENKARTE 15 EURO) +++

GÜNSTIG, FAMILIENFREUNDLICH

WAS FÜR EINE KAKOPHONIE! Um uns herum quietscht, lacht und brüllt es. Draußen Schnürlregen, drinnen Bombenstimmung. Wer Kind und Kegel hat in der Stadt, scheint an verpinkelten Wintersonntagen ins Museum für Naturkunde zu gehen. Kein Wunder, hier wird Familien ja auch etwas geboten. Museumsführer Sven, ein promovierter Paläontologe, führt uns zu den Highlights des riesigen Museums. Da dürfen die Dinos nicht fehlen! Gerade stehen wir im lichten Lichthof. 16 Erwachsenen- und 8 Kinderaugen starren, den Kopf im Nacken, auf den 150 Millionen alten Brachiosaurus brancai. Ein Oschi von einem Skelett, hoch wie ein vierstöckiges Haus. Sven erzählt uns, dass man es zwischen 1909 und 1913 in Tansania ausgegraben hat. 250 Tonnen Knochen. Geklaut damals in Deutsch-Ostafrika.

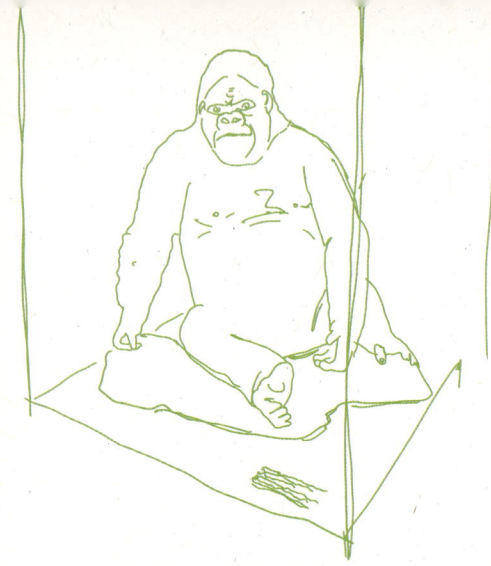

IN NACHBARSCHAFT DES BRACHIOSAURUS

begegnen wir dem Archaeopteryx (ausgesprochen übrigens Archae-pteryx!), dem berühmtesten Fossil der Welt, gefunden im Altmühltal. Das versteinerte Vögelchen von der Größe eines Suppenhuhns stellt den Übergang vom Raubdinosaurier zum Vogel dar. »Es hat keinen Schnabel, sondern ein Maul voller Zähne«, sagt Sven.
Wenige Minuten später versammeln wir uns unter einer nachgebauten Riesenlibelle. Man braucht schon beide Arme, um ihre Ausmaße zu beschreiben – kein Spaß unterm Moskitonetz. Vor rund 300 Millionen Jahren bevölkerte sie unseren Erdball. Winzig hingegen das rekonstruierte Urpferdchen. Ein hundegroßes Tier mit Hasengesicht und Rehaugen, verpackt in ein – außer Fossilien ist ja nichts von der einstigen Schöpfung übrig – Wildschweinfell.
Durch feine Stucksäle dackeln wir Sven hinterher in die Halle mit den ausgestopften Tieren. Doch was heißt hier ausgestopft? »Tatsächlich stopfte man Tiere früher noch mit Stroh aus«, sagt Sven und deutet auf einen Jaguar, dem das Stroh aus einer aufgeplatzten Naht quillt. Das Präparationsverfahren von heute aber ist die Dermoplastik. Dabei wird der Körper des Tieres aus Kunststoff nachgeformt und dann mit der Originalhaut überzogen.

KEIN SONDERLICH APPETITLICHER JOB, denken wir uns. Dafür ein anspruchsvoller: »Die Präparatoren des Museums gewinnen immer wieder Preise«, sagt Sven. Wir bestaunen eine stattliche Papageiensammlung, ein Nilpferd, einen Geier, einen Storch, ein Känguru, Lemuren und viele Tiere mehr. Dann geht es hinein in die kühle, fensterlose »Nasssammlung«. Eine Halle mit ultrahohen Regalen. Darin stehen 276.000 Gläser mit in Alkohol eingelegten Tieren. »Iiiieeh!«, rufen die Kinder, während wir Erwachsenen fast schon ehrfürchtig durch den Raum mit seiner betörend-verstörenden Ästhetik laufen. Zum Schluss wollen wir noch Knut in die Augen schauen, dem 2011 verstorbenen Promi-Eisbären aus dem Berliner Zoo. Ihm wurde ebenfalls das Fell über die Ohren gezogen, nachdem er hirnkrank in ein Wasserbecken gefallen und ertrunken war. Nahebei übrigens auch noch andere Zoo-Kumpel: Gorilla Bobby, ein Publikumsliebling der 1930er-Jahre. Und Pandabär Bao Bao (1978–2012), der zu Lebzeiten als frauenfeindlich verschrien war.

WENN MAN SCHON MAL HIER IST:
Ein kurzer Spaziergang führt vom Naturkundemuseum zum **Hamburger Bahnhof**, einem Museum, das zeitgenössische Kunst in interessanten Räumlichkeiten zeigt. Nicht weit davon entfernt der **Hauptbahnhof** □→, in diesem Fall ein echter Bahnhof, sogar der größte Kreuzbahnhof Europas. Entworfen wurde er von Meinhard von Gerkan. Über eine Brücke gelangt man von hier ins **Regierungsviertel** mit Bundeskanzleramt und Reichstag (siehe S. 64).

KLASSIK UNTERM WELLBLECHDACH

EIN KAMMERMUSIKABEND IM PIANO SALON CHRISTOPHORI

<--MITTE

ⓧ Ⓤ PANKSTRASSE

+++ **S T E C K B R I E F** +++
+++ WO? UFERSTR. 8 +++ U8 PANKSTRASSE +++ WANN? BIS ZU SECHSMAL PRO WOCHE +++ KONZERT FLUEGEL.COM +++ WIE LANGE? CA. 2 STUNDEN +++ WICHTIG! RESERVIEREN! +++ WIE VIEL? 20 BIS 30 EURO INKL. DRINKS +++

WIR WISSEN NICHT VIEL ÜBER KLASSIK.

Wir können ein Klavier von einem Flügel unterscheiden, das ja. Mozart von Bach, wenn es bekannte Stücke sind. Das Ende eines Satzes vom Ende einer Symphonie? Da wird es schon schwierig. Für Banausen wie uns hängt im Piano Salon Christophori deswegen eine liebenswert-humoreske »Klatschanleitung«.

Der Salon ist der wohl unprätentiöseste Konzertsaal der Stadt. Die lange, schmale Halle gehört zu den sogenannten Uferhallen im Herzen des Wedding. Wo vormals Busse der Berliner Verkehrsbetriebe gewartet wurden, werden heute historische Konzertflügel nicht nur wiederaufbereitet, sondern auch bespielt. Auf dem Boden liegen ausgetretene Orientteppiche. Lampen von der Oma spenden warmes Licht. Staub auf dem Steinway, Patina bis zum Abwinken.

IN DIESEM HERRLICHEN Durcheinander geben sich Weltklassemusiker die Klinke in die Hand. Hier muss kaum jemand eingeladen werden. Die Künstler kommen von alleine, um die Raritäten zu bespielen – der älteste Konzertflügel stammt aus dem späten 18. Jahrhundert.

Eine halbe Stunde vor Konzertbeginn werden wir eingelassen. Man begrüßt uns freundlich und leger. Wir nehmen uns zwei Biere aus dem Kühlschrank – Getränke sind im Ticketpreis inbegriffen, wieder so ein nettes Detail – und spazieren etwas umher. Überall Flügel, acht alleine auf der provisorisch zusammengezimmerten Bühne. Pedale und Mechaniken stehen herum, Schraubenzieher liegen auf Tastaturen. Der Klavierstimmer ist noch im Einsatz, während wir unsere Plätze suchen. Exakt 199 gibt es. Auf den Stühlen – keiner gleicht dem anderen – rote Kissen und unsere Namen.

Der Herr des Hauses begrüßt sein Publikum. Der »Impresario« Christoph Schreiber. Ein gut gekleideter Mann mit ruhiger Stimme, Jahrgang 1970. Er sammelt die Flügel, vor allem historische Hammerflügel, schraubt an ihnen herum und organisiert die Konzerte. In seinem anderen Leben ist er Neurologe. Er hat ein tolles Hobby, das muss man sagen.

CHRISTOPH SCHREIBER kündigt Meisterpianist Moritz Ernst an. Haydn, Händel, Ullmann stehen auf dem Programm. Ein zweistündiger Rausch der Sinne. In einem Ambiente, das charmanter nicht sein kann. Wir lauschen.

Der Pianist trägt einen dunkelblauen Anzug, Geheimratsecken und eine Brille mit Metallrahmen. Seine Hände rasen nur so über die Tasten des Flügels – ein Bösendorfer. Wiener Klavierbaukunst. Manche Besucher halten die Augen geschlossen, andere nippen verträumt an ihrem Weinglas. Genießen geht hier mit und ohne Klassikkenntnisse. In jedem Alter. Mit Kapuzenpulli oder Zweireiher. Wie der Salon, so sein Publikum: alles andere als konventionell und very Berlin. Hin und wieder schweifen unsere Blicke ab, zur Wellblechdecke über uns, über die mit Luftpolsterfolie verklebten Fenster hinweg zu den Bildern und historischen Musikinstrumenten an der unverputzten Wand. Das schwule Pärchen vor uns sitzt aneinandergekuschelt da. Und klatscht, wie wir, wenn alle klatschen.

WENN MAN SCHON MAL HIER IST:

Ein Drink vor dem Konzert? Oder gar ein lecker-leichtes Abendessen aus frischen, saisonalen Zutaten? Dann empfehlen wir das tiefenentspannte **Café Pförtner** ↪ (Uferstr. 8, Mo–Fr 9–23 Uhr, Sa ab 11 Uhr, pfoertner.co) in unmittelbarer Nachbarschaft der Uferhallen. Simpelprovisorisches Ambiente, faire Preise, wechselnde Karte. Vor der Tür nicht nur die Terrasse, sondern auch ein ausrangierter Bus, in dem man ebenfalls nett sitzen kann.

POLONÄSE TRABINESE

AUF TRABI-SAFARI DURCH DEN GROSSSTADTDSCHUNGEL

MITTE-->

KOCHSTRASSE

+ + + **STECKBRIEF** + + +
WO? STARTPUNKT ZIMMERSTRASSE 97 +++ U6 KOCHSTRASSE +++ WANN? MINDESTENS EINMAL TÄGLICH +++ TRABI-SAFARI.DE +++ WIE LANGE? CA. 75-90 MINUTEN +++ WIE VIEL? AB 59 EURO PRO PERSON +++

FAMILIENFREUNDLICH

TRA|BI – »KURZ FÜR TRABANT«. Sa|fa|ri – »Gesellschaftsreise zum Jagen, Fotografieren«. So steht es in unserem Duden. Trabi stimmt. Gesellschaftsreise auch. Wir sind drei Pärchen, die heute im Konvoi durch die Stadt gurken. Eines aus der Schweiz, eines von der holländischen Grenze und wir. Zum Jagen? Geschossen wird hier nicht. Aber ein wenig jagen wir schon durch Berlin. Zum Fotografieren? Nee. Eher zum Fotografiertwerden. Wie Großwild. Die Berliner »Big Five«, das sind anscheinend Fernsehturm, Brandenburger Tor, Reichstag, Potsdamer Platz und wir im Trabi!

An der Ampel sieht uns eine italienische Schulklasse. Einer ruft: »Che macchina buffa!« Und schwupp stehen die Teenies um uns herum und machen Selfies. Wir hören Axel, unseren Guide im ersten Trabi, über Lautsprecher: »Immer schön lächeln, ihr werdet heute auf zig Fotos sein!«

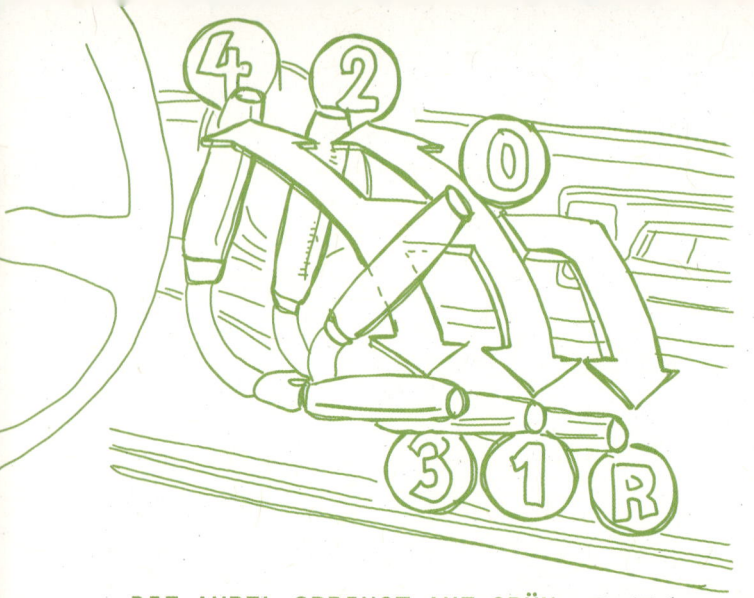

DIE AMPEL SPRINGT AUF GRÜN. Go Trabi go! »Westautos« (Axel-Sprech) überholen uns. Keines davon zieht die Blicke so auf sich wie unser Trabi. Schließlich sind wir in einem vom Aussterben bedrohten Gefährt unterwegs. Unser Trabi ist Baujahr 1964. Eine Limousine in Pastellblau, leider ohne Seitenstreifen. Unsere Sitze sind hellgrau, im Sachsenring-Deutsch: delphingrau. VEB Sachsenring, das war der Trabibauer aus Zwickau.

Wir haben einen Trabi mit Schaltung gewählt. Schon vor der Tour mussten wir daher auf dem Gelände des Safari-Anbieters an Simulatoren das Gangeinlegen üben. Denn die Trabi-Schaltung ist etwas Besonderes. Sie befindet sich neben dem Lenkrad, nennt sich »Krückstockschaltung« und funktioniert so: reindrücken und runter = 1. Gang; Hebel hoch = 2. Gang; ziehen und runter = 3. Gang; Hebel hoch = 4. Gang; ganz durchdrücken und runter = Rückwärtsgang.

Theoretisch hätten wir auch einen E-Trabi buchen können. Wäre besser für unser Karma gewesen. Doch was wäre eine Trabifahrt ohne den kopfwehbereitenden Gestank des Zweitakters? Ohne dessen typischen Sound? Dieses Knattern, Rattern und Scheppern, selbst im Standgas.

WIR KOMMEN AM ROTEN RATHAUS vorbei. Früher waren hier lauter Trabis unterwegs. Wir biegen in die Stralauer Straße ab und vergessen wieder, den Blinkhebel zurückzusetzen. Passiert uns ständig. Eine automatische Abschalteinrichtung gibt die Sechs-Volt-Elektronik des Wagens nicht her.

Wir fragen uns, wie das wohl war, mit dem Trabi zu verreisen. Mit der ganzen Familie. Vollgepackt bis unters Dach. Und nur 26 PS unter der Haube. Einer Haube, die man öffnen muss, um zu tanken. Wir fragen uns auch, nach wie vielen Stunden Fahrt die Glieder zu schmerzen anfangen. Schließlich muss man sich am Steuer ganz schön verbiegen, weil die Pedale für Kupplung, Quietschebremse und Gaspedal recht mittig liegen. Drückt man Letzteres übrigens durch, bringt man es auf 105 Kilometer pro Stunde. Sagt zumindest Axel. Axel erzählt uns auch, dass über drei Millionen dieser Stahlskelette mit Duroplastbeplankung zwischen 1957 und 1991 gebaut wurden. Eine Allrad-Version gab es jedoch nie. Weswegen Trabi-Safaris nicht in der Serengeti, sondern in Berlin stattfinden.

1 MITTE

WENN MAN SCHON MAL HIER IST:

Schräg gegenüber der TrabiWorld, wo die Touren starten und enden, kann man die **Topographie des Terrors** ☐→ besuchen – eine Konfrontation mit der Nazizeit. Wo sich einst die Schaltzentrale des NS-Terrors befand (unter anderem saßen hier Gestapo und SS-Führung), erstreckt sich heute ein asketischer Ort von fast trostloser Leere. Am Rande ein interessantes Dokumentationszentrum (Niederkirchnerstr. 8, tägl. 10–20 Uhr, Eintritt frei, topographie.de).

ZWEI FLASCHEN SIND EIN BRÖTCHEN

MIT EINEM EX-OBDACHLOSEN AUF TOUR

MITTE-->

SPITTELMARKT

+ + + S T E C K B R I E F + + +
WO? BEGINN DER TOUR AM SÜDPARK (ECKE LEIPZIGER STRASSE/NIEDERWALLSTRASSE), ENDE AM GENDARMENMARKT +++ U2 SPITTELMARKT +++ WANN? FÜHRUNGEN MIT EX-OBDACHLOSEN FINDEN JEDES WOCHENENDE STATT; ETWA ALLE 4 WOCHEN IST KLAUS MIT DER TOUR »ZWEI FLASCHEN SIND EIN BRÖTCHEN« AN DER REIHE +++ QUERSTADTEIN.ORG +++ WIE LANGE? CA. 2 STUNDEN +++ WIE VIEL? 17 EURO, ERMÄSSIGT 13 EURO +++

»OFW« steht im Amtsdeutschen für »Ohne festen Wohnsitz«. Klaus hatte keinen, von 2002 bis 2009. Da lebte er auf den Berliner Straßen, schlief unter Brücken und in Parks. Unter anderem da, wo unsere Tour beginnt, im Südpark vorm Auswärtigen Amt. »Joschka Fischer war zu jener Zeit Außenminister«, sagt Klaus, »und in eiskalten Nächten kamen auch mal die wachhabenden Polizisten und brachten mir einen Becher heißen Kaffee.« Damals war der Südpark noch von Brachen umgeben. Bis zur Friedrichwerderschen Kirche stand nur ein Gebäude. Es war jenes, in der heute die marokkanische Botschaft sitzt. Es gab Abrisshäuser, in denen Menschen wie Klaus unterkommen konnten. »Wir hatten es früher leichter jehabt. Heute ist ja alles gleich umzäunt, heute kommste nirgendwo mehr rein.« Klaus blickt zu Boden, wenn er von seinem früheren Leben spricht.

WER MIT KLAUS DURCH MITTE SPAZIERT, erfährt nicht nur, wie sich Berlin in den letzten Jahren verändert hat. Er erfährt vor allem auch, wie sich ein ganz gewöhnliches Leben verändern kann. Wie es auf einmal »auf der Rutsche bergab gehen kann«, bis man sich auf der Straße wiederfindet. »Alkoholiker saufen sich Probleme schön, gehen den Weg des geringsten Widerstands.« Als Klaus kein Geld mehr aus dem Bankomaten bekam, begann er Flaschen zu sammeln. »Zwei Flaschen sind ein Brötchen«, rechnet er vor. Klaus aber musste den ganzen Tag sammeln, um ausreichend Alkohol und Zigaretten dazukaufen zu können. Nur vor Kindern langte er nie in die Tonne, zu sehr schämte er sich.

Am Hausvogteiplatz, jenem Platz, den er »den Platz mit den meisten Mülleimern auf kleinster Fläche« nennt, erklärt er uns, dass vor allem die ausgelatschten Touristenpfade gute Orte zum Sammeln waren. Schließlich kennen sich die ausländischen Berlinbesucher mit dem deutschen Pfandsystem nicht aus. Aber man musste gut aufpassen, um nicht in fremdes Revier zu geraten. Sonst gab's Ärger. Die Konkurrenz war groß. »Mit der Einführung von Hartz IV nahm die Zahl der Flaschensammler richtig zu.«

AM GENDARMENMARKT ZEIGT KLAUS auf die Bank, wo sich täglich um 17.30 Uhr die Flaschensammler trafen, um Netto- gegen Lidl- oder Aldi-Leergut zu tauschen. Er, der viel allein war, mochte den Treff. Doch 2006 war Schluss damit. Fortan mussten die Discounter auch Flaschen aus Fremdsortimenten annehmen.

Mit ruhiger Stimme lässt Klaus sein Leben auf der Straße Revue passieren. Erzählt Geschichten, die unter die Haut gehen, von Einsamkeit und Ängsten. »Jungs mit Stahlkappen an den Schuhen und kurzen Haaren« kommen darin vor. Sie beförderten ihn in die Charité. Aber auch glückliche Momente gab es: Einladungen zum Sonntagsessen bei einer Familie. Oder die »Mitternachtsfütterung« der Bahnhofsmission am Zoo, wenn die großen Hotels die Reste vom feinen Büfett ablieferten. Wir hören von Suppenküchen, Kleiderkammern und Notunterkünften. Und wir erfahren schließlich, wie Klaus in ein Leben mit Wohnung und ohne Alkohol zurückfand. In ein Leben, das sich auch Tausende andere Obdachlose der Stadt wünschen. Klaus gibt ihnen eine Stimme.

WENN MAN SCHON MAL HIER IST:

Nach Abschluss der Tour sollte man in aller Ruhe noch eine Runde über den **Gendarmenmarkt** ☐→ drehen, den schönsten Platz Berlins. In der Mitte steht das klassizistische Konzerthaus, rechts der Französische Dom, links der Deutsche Dom. Als Klaus noch obdachlos war, genoss er hier die Classic-Open-Air-Konzerte als Zaungast.

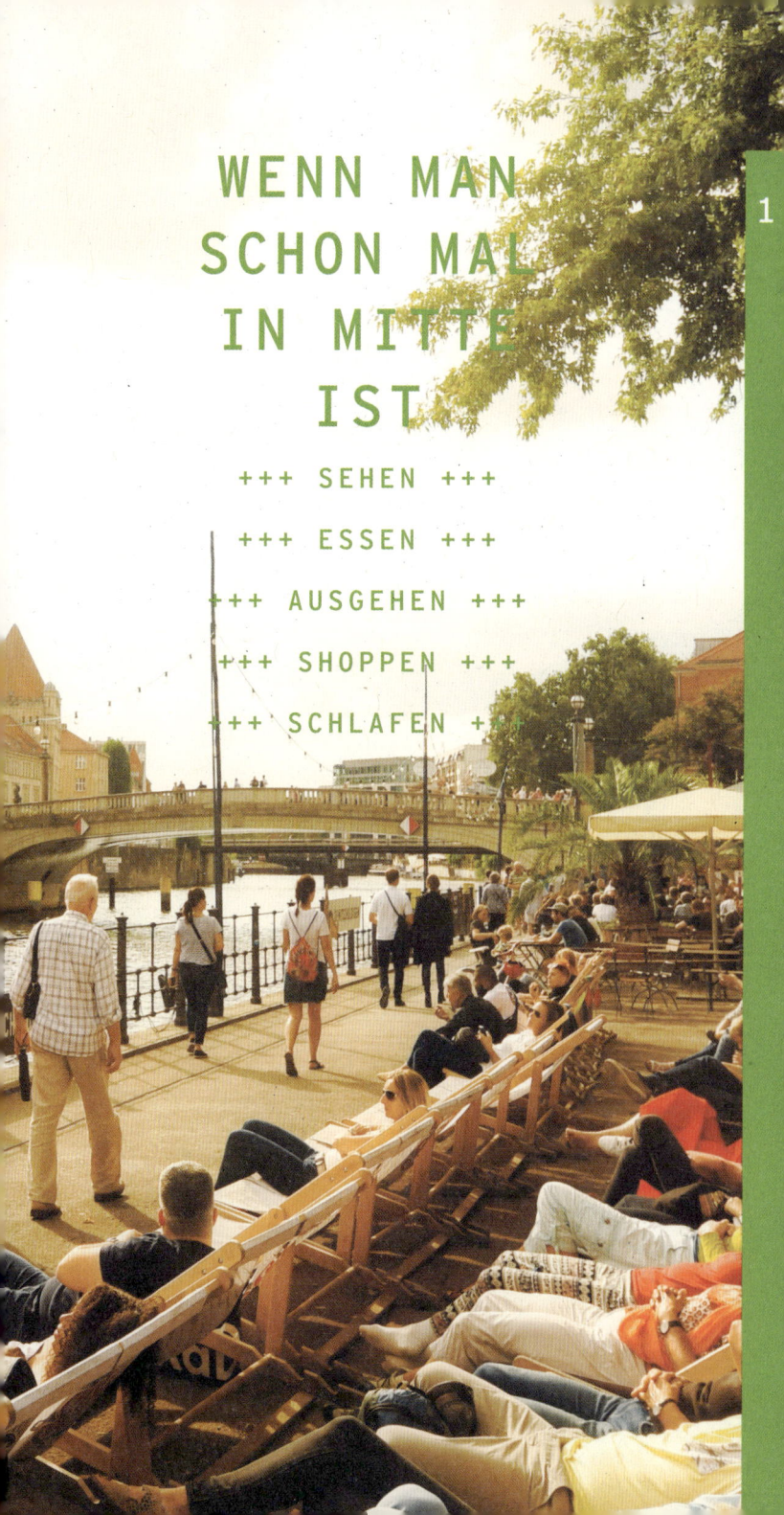

+++++++++++++ SEHEN +++++++++++++

☐↑ UNTER DEN LINDEN UND BRANDENBURGER TOR

Humboldt-Universität, Staatsoper, Staatsbibliothek – den Boulevard Unter den Linden muss man mal gesehen haben. Er ging aus einem Reitweg vom Schloss zum Tiergarten hervor. Erst im 18. Jahrhundert wurde er befestigt und mit repräsentativen Bauten versehen, nicht wenige davon musste man nach dem Krieg wiederaufbauen. Seinen krönenden Abschluss fand der Boulevard mit dem Brandenburger Tor. Es wurde zwischen 1788 und 1791 von Carl Gotthard Langhans in Anlehnung an die Propyläen der Athener Akropolis erbaut, die Quadriga obenauf stammt von Johann Gottfried Schadow. Bis zum Ende der Kaiserzeit war die breitere mittlere Durchfahrt für das gemeine Volk tabu, nach dem Mauerbau für jedermann – das Tor stand nun im Niemandsland.

+++ U5 BRANDENBURGER TOR ODER UNTER DEN LINDEN +++

HUMBOLDT FORUM UND MUSEUMSINSEL

Das größte Museumsensemble der Welt ist zugleich Deutschlands beliebtestes Eiland: Rund 2,5 Millionen Besucher zählt es jährlich. Auf der nördlichen Hälfte der knapp einen Quadratkilometer umfassenden Spreeinsel stehen fünf Museen, die Kunst und Kultur aus 6.000 Jahren Menschheitsgeschichte präsentieren: Altes Museum (klassische Antike), Alte Nationalgalerie (Kunst des 19. Jahrhunderts), Pergamonmuseum (archäologische Großfunde aus dem Orient), Neues Museum (Nofretete!), Bode-Museum (ein Kessel Buntes). Nahebei der Berliner Dom (1905 eingeweiht) und das wiederaufgebaute Berliner Stadtschloss, das als sogenanntes Humboldt Forum die Museumsinsel als Ort der Kulturen der Welt bereichert.

+++ U5 MUSEUMSINSEL +++ SMB.MUSEUM +++

HACKESCHE HÖFE

Der 1906 errichtete Komplex aus acht Gewerbehöfen ist einer der großen Touristenmagneten Berlins. Hier kauft man Berliner Designerware oder Ampelmann-Souvenirs, isst oder geht ins Kino bzw. Theater. Hof I, den man von der Rosenthaler Straße betritt, ist mit seinen farbigen Glasursteinen eine echte Jugendstilperle. Nach hinten werden die Höfe schlichter und fast idyllisch.

+++ S3/5/7/9 HACKESCHER MARKT ODER U8 WEINMEISTERSTRASSE +++ HACKESCHE-HOEFE.DE +++

FERNSEHTURM

Eine Fahrt auf den 368 Meter hohen Fernsehturm ist fast ein Muss – am schönsten in den Abendstunden, wenn die Lichter Berlins die Stadt erleuchten. Die Kapsel in einer Höhe von über 200 Metern beherbergt ein Restaurant, in dem sich der Sitzbereich innerhalb von 30 bis 60 Minuten um die eigene Achse dreht. Darunter befindet sich die Panoramaetage ohne Drive. Egal, von wo: Bei guter Witterung sieht man bis zu 40 Kilometer weit. Als der Turm übrigens Ende der 1960er erbaut wurde, nannte man ihn spöttisch »Ulbrichts Protzstängel«.

+++ PANORAMASTR. 1 A +++ S3/5/7/9 ODER U2/5/8 ALEXANDERPLATZ +++ TV-TURM.DE +++ APRIL-OKT. TÄGL. 9-23 UHR, SONST 10-22 UHR +++ TICKET 21,50 EURO, ERM. 11,50 EURO +++

NIKOLAIVIERTEL

Ein großer Fake! Berlin bekam zur 750-Jahr-Feier 1987 eine aus Waschbetonplatten zusammengeschraubte Altstadt im neohistorischen Stil samt Hansegiebeln, wie man sie aus Rostock kennt. Immerhin platzierte man die kleine verkehrsberuhigte Pflastergassen-Kulisse dorthin, wo Berlin im 13. Jahrhundert tatsächlich seinen Anfang nahm. Nur vier der hiesigen Häuser und die Nikolaikirche standen schon vor dem Krieg hier. Es gibt mehrere Museen, rustikale Wirtshäuser laden zur Eisbein-Sause.

+++ U2 KLOSTERSTRASSE +++

ESSEN

GRILL ROYAL
Berlins mondänste Steakadresse mit einer bunten Mischung aus Stars und Sternchen, Künstlern und Politikern. Für 100 Gramm Kobe-Roastbeef werden schon mal 128 Euro fällig.
+++ FRIEDRICHSTR. 105 B +++ S1/2/3/5/7/9/25/26 ODER U6 FRIEDRICHSTRASSE +++ GRILLROYAL.COM +++ 030/28879288 +++ TÄGL. AB 17 UHR +++

ZUR LETZTEN INSTANZ
Schwer rustikal ist Berlins ältestes Gasthaus (seit 1621). Das Eisbein hat einen Umfang, wie es nur von fußballspielenden Schweinen kommen kann.
+++ WAISENSTR. 14-16 +++ U2 KLOSTERSTRASSE +++ ZURLETZTENINSTANZ.COM +++ 030/2425528 +++ MO/DI/DO-SA 12-15 UND AB 17 UHR, SO 12-16 UHR, MI RUHETAG +++

MOGG
Der Hauch eines New Yorker Delis liegt in der Luft. In dem architektonisch spannenden Ambiente der ehemaligen jüdischen Mädchenschule gibt es geniale Pastrami-Sandwiches, zudem ein paar Suppen, Salate, Snacks und Hauptgerichte.
+++ AUGUSTSTR. 11-13 +++ U6 ORANIENBURGER TOR +++ MOGGMOGG.COM +++ 0176/64961344 +++ TÄGL. 12-20 UHR +++

SCHOKOLADENHAUS RAUSCH
Der berühmte Chocolatier sitzt direkt am Gendarmenmarkt, dem schönsten Platz Mittes. Über dem Laden ein Café, in dem zum Blick auf die Dome und das Konzerthaus feine Trinkschokoladen serviert werden.
+++ CHARLOTTENSTR. 60 +++ U2/6 STADTMITTE +++ RAUSCH.DE +++ 030/757880 +++ TÄGL. 12-19 UHR +++

++++++++++++ AUSGEHEN ++++++++++++

☐↑ MAXIM GORKI THEATER
Unser Lieblingstheater. Realitätsnahe und oft sehr politische Stücke. Das Gebäude entstand 1824–27 als Singakademie nach Entwürfen des Baumeisters Karl Friedrich Schinkel.
+++ AM FESTUNGSGRABEN 2 +++ S1/2/3/5/7/9/ 25/26 ODER U6 FRIEDRICHSTRASSE +++ GORKI.DE +++ 030/20221115 +++

REINGOLD
Feine Cocktailbar. Hinter einer Metalltür warten ein endloser Tresen und Kellner mit Fliege und Schiebermütze – die 20er-Jahre lassen grüßen.
+++ NOVALISSTR. 11 +++ U6 ORANIENBURGER TOR +++ REINGOLDBAR.COM +++ 030/28387676 +++ MI-SA AB 20 UHR +++

++++++++++++ SHOPPEN ++++++++++++

TRIPPEN SCHUHE
Berliner Kultschuhe aus naturbelassenen Materialien. Der Flagshipstore in den Hackeschen Höfen bietet ein breites Sortiment.

+++ ROSENTHALER STR. 40/41 +++ S3/5/7/9 HA-
CKESCHER MARKT +++ TRIPPEN.COM +++ MO-SA 11-
19 UHR +++

DUSSMANN, DAS KULTURKAUFHAUS
Eine Berliner Institution. Bücher, Filme, Noten und Musik auf fünf Etagen. Oft Lesungen hochkarätiger Autoren. Gutes Biorestaurant angeschlossen.
+++ FRIEDRICHSTR. 90 +++ S1/2/3/5/7/9/25/26
ODER U6 FRIEDRICHSTRASSE +++ KULTURKAUFHAUS.DE
+++ MO-SA 9-24 UHR +++

++++++++++ SCHLAFEN +++++++++++++

ROCCO FORTE HOTEL DE ROME
Wenn schon, denn schon. Fünfsterner am Bebelplatz, einst die Zentrale der Dresdner Bank. Den damaligen Juwelentresor füllt heute ein Pool. 146 glamouröse Zimmer. Edles Restaurant, tolle Hotelbar und eine geniale Dachterrasse, auf der sich Touristen und Schickimickis treffen. DZ ab 310 Euro.
+++ BEHRENSTR. 37 +++ U6 FRANZÖSISCHE STRASSE
+++ ROCCOFORTEHOTELS.COM +++ 030/4606090 +++

ST CHRISTOPHER'S INN BERLIN MITTE
Von den Berliner St-Christopher's-Inn-Hostels (es gibt drei) das unserer Meinung nach schönste. Nicht nur Betten im Schlafsaal, auch freundliche Zimmer (stets mit eigenem Bad) und Studios mit Küche. Absoluter Pluspunkt: die tolle Dachterrasse. Im Schlafsaal ab 19 Euro/Person.
+++ ZIEGELSTR. 28 +++ U6 ORANIENBURGER TOR +++
ST-CHRISTOPHERS.CO.UK +++ 030/27874880 +++

2
TIERGARTEN UND SCHÖNEBERG
+++ ERLEBEN +++

NDESTAG
🆄
64 ×
**DER POLITIK
UFS DACH STEIGEN**

TIERGARTEN -->
SCHÖNEBERG -->

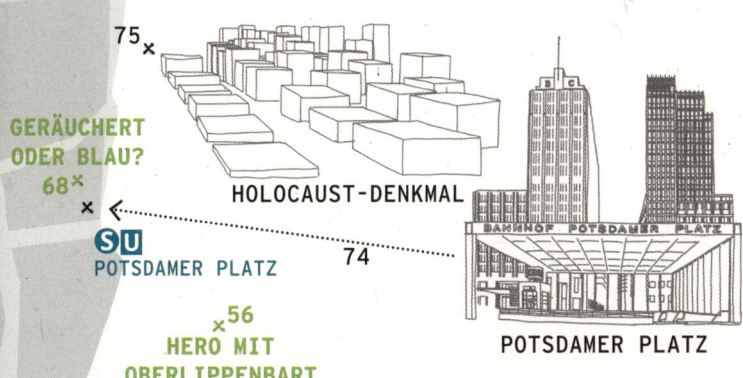

75 ×

**GERÄUCHERT
ODER BLAU?**
68 ×
×
HOLOCAUST-DENKMAL

🆂🆄
POTSDAMER PLATZ

74

× 56
**HERO MIT
OBERLIPPENBART**

POTSDAMER PLATZ

ANHALTER BAHNHOF 🆂

GALERIENVIERTEL
POTSDAMER
TRASSE

NICHT VERWIRREN LASSEN:

Der Tiergarten ist nicht nur die grüne Lunge Berlins, sondern gleichzeitig der Name für einen Stadtteil des Bezirks Berlin-Mitte. Rund um den Park: viel Kunst und Kultur, die hohe Politik und die internationale Diplomatie. Prominentester Ort ist der Potsdamer Platz. Von dort führt die Potsdamer Straße hinüber nach Schöneberg – in einen facettenreichen Stadtteil mit spritzig-queerem Nachtleben und bemerkenswerten Galerien.

<-- SCHÖNEBERG

HERO MIT OBERLIPPENBART

AUF DAVID BOWIES SPUREN ZUM »ANDEREN UFER«

TIERGARTEN-->

SCHÖNEBERG-->

Ⓢ ANHALTER BAHNHOF

🆄 KLEISTPARK

+++ **S T E C K B R I E F** +++
WO? START AN DEN HANSA STUDIOS IN KREUZBERG (KÖTHENER STRASSE 38, S1/2/25 ANHALTER BAHNHOF), ENDE DER TOUR: HAUPTSTRASSE 155 IN SCHÖNEBERG (U7 KLEISTPARK) +++ **WANN?** IMMER +++ **WIE LANGE?** DREI BIS VIER STUNDEN +++ **WICHTIG!** DIE TOUR KANN OHNE GUIDE UNTERNOMMEN WERDEN, INFORMATIVER SIND JEDOCH DIE GEFÜHRTEN BOWIE WALKS VON MUSICTOURS-BERLIN.DE, DIE ZULETZT AUSGESETZT WAREN, KÜNFTIG HOFFENTLICH WIEDER STATTFINDEN +++ **WIE VIEL?** KOSTENLOS +++

DAS SIND SIE ALSO, die legendären Hansa Tonstudios. Wir stehen vor einem prächtigen Gebäude mit neoklassizistischem Säulenschmuck, das ursprünglich als Sitz eines Handelsverbandes errichtet wurde. In einem Teil Kreuzbergs, der nie cool war und es auch nie werden wird. In Spuckweite zum Potsdamer Platz, eingekeilt von Blocks aus der Nachwendezeit. In den 70er-Jahren aber, in jener Zeit, in die uns diese Tour auf den Spuren des »Meisters« unter anderem führen wird, stand das Gebäude als kriegsversehrter Solitär direkt an der Mauer – mit Blick aufs Niemandsland. Genau hier nahm David Bowie zwei Alben seiner *Berlin Trilogy* auf: *Low* und *Heroes*. Später sahen die heiligen Hallen auch Nick Cave, *Depeche Mode*, *U2* und *Marillion*. Hinein in die Studios dürfen wir nicht. Aber ehrfürchtig blicken wir hinauf.

AUS JENER ZEIT KURSIEREN diverse Fotos im Netz. Eines zeigt Bowie zusammen mit dem amerikanischen Produzenten Tony Visconti und dem deutschen Toningenieur Eduard Meyer. Bowie ist darauf spindeldürr, trägt Oberlippenbart und Holzfällerhemd – und hat nichts, aber auch gar nichts Exzentrisches.

Wir passieren den Potsdamer Platz und spazieren hinüber zur Reichstagswiese. Am 6. Juni 1987 fand hier anlässlich der 750-Jahr-Feier Berlins, ebenfalls nur wenige Meter von der Mauer entfernt, das Festival »Concert for Berlin« statt. *Genesis*, *Eurythmics*, *New Model Army* traten auf. Und David Bowie! Die Musik sollte die getrennte Stadt symbolisch vereinen. 5.000 junge Ost-Berliner strömten in Mauernähe und lauschten wehmütig *Heroes* – dem Song von einem Liebespaar, das sich im Schatten der Berliner Mauer küsst. Die Ost-Berliner Polizei fand das gar nicht toll, die Situation eskalierte. Während die einen »Die Mauer muss weg!« skandierten, schwangen die anderen Schlagstöcke.

»We can be heroes, just for one day« steht auch auf einer weiß-blauen Gedenktafel an einem Gebäude an der Hauptstraße 155 in Schöneberg, in dessen Nähe uns die S-Bahn bringt (vom Potsdamer Platz die S1 bis Julius-Leber-Brücke nehmen).

MIT DEM TOD DAVID BOWIES am 10. Januar 2016 avancierte das unscheinbare Haus zu einer Pilgerstätte. Vor der Tür türmten sich rote Rosen. Denn in dem Gebäude, wo sich ein Tattooladen und eine physiotherapeutische Praxis befinden, hatte Bowie Ende der 1970er in einer sieben Zimmer großen Stuckaltbauwohnung gelebt. Noch heute sieht man zuweilen Fans in zweiter Reihe halten, aussteigen und Blumen niederlegen oder Grablichter anzünden.

Zum Abschluss unserer Tour gehen wir ins Neue Ufer zwei Türen weiter, ein verrauchtes schwullesbisches Café, das bereits seit 1977 existiert, damals allerdings noch unter dem Namen »Anderes Ufer«. Bowie soll hier ein- und ausgegangen sein. Nicht selten mit Iggy Pop im Schlepptau, der es sich für ein paar Monate im Hinterhaus der Nummer 155 gemütlich gemacht hatte. Heute ist das Café eine Art Bowie-Schrein – aus allen Ecken scheint David über das regenbogenbunte Publikum zu blicken. Wir setzen uns, bestellen ein Glas Bier. Und würden gerne die Zeit zurückdrehen.

WENN MAN SCHON MAL HIER IST:

Nicht weit vom Café Neues Ufer kann man gleich noch dem nächsten »Hero« Hallo sagen. Auf dem überaus atmosphärischen Alten St.-Matthäus-Kirchhof (Großgörschenstr. 12–14) hat *Ton-Steine-Scherben*-Sänger Rio Reiser seine letzte Ruhe gefunden ↗ Das Ehrengrab befindet sich direkt an der Mittelallee.

STADTROMANTIK MIT ROTEN KREBSEN UND BRAUNEN BIBERN

IM RUDERBOOT ÜBER DEN NEUEN SEE

<--TIERGARTEN
B CORNELIUSBRÜCKE

+++ **STECKBRIEF** +++
WO? LICHTENSTEINALLEE 2 +++ BUS 200 BIS HALTESTELLE CORNELIUSBRÜCKE +++ **WANN?** BEI GUTEM WETTER TÄGLICH AB 11 UHR BIS ZUR DÄMMERUNG +++ CAFEAMNEUENSEE.DE +++ **WIE LANGE?** SO LANGE MAN WILL +++ **WIE VIEL?** HALBE STUNDE 6 EURO, GANZE STUNDE 12 EURO +++

GÜNSTIG, FAMILIENFREUNDLICH

BERLIN KANN AUCH ROMANTIK und Natur. Die Stadt der wilden Partys, der ballernden libanesischen Clans und der krakeelenden Spinner kann richtig lauschig sein. Sogar mittendrin. Entspannung pur verspricht zum Beispiel der Tiergarten, der Central Park Berlins. Über 200 Hektar ist er groß. Darin gibt es einen See, der auf alten Postkarten blau schimmert, in Wirklichkeit aber grün ist. Ruderboote in den Farben Erdbeerrot und Blattgrün verleiht dort das Café am Neuen See – eigentlich kein Café, sondern ein Biergarten im bayerischen Stil. Ein Biergarten im Tiergarten. Was sich reimt, ist hier nicht nur gut, sondern einfach klasse! In den Biergarten gehen wir später, zuvor wollen wir eine Runde rudern. Wir legen ab und ärgern uns sofort, dass wir es nicht den anderen gleichgetan und ein Hefeweizen mit aufs Boot genommen haben.

EINE BERLINER MELANGE lässt mit uns die Paddel ins Wasser gleiten: verliebte Pärchen, junge Familien, die Kinder mit orangefarbenen Schwimmwesten ausgestattet, zwei grell geschminkte Muslimas mit gezückten Smartphones. Wasser plätschert, der Sound der Straße ist kaum mehr zu hören. Enten ziehen vorbei, hinter dem Gebüsch lugt ein Graureiher hervor. Was wäre der Tiergarten ohne Tiere? Genauso doof wie ein Biergarten ohne Bier! Im Tiergarten, korrekt übrigens »Großer Tiergarten«, tummeln sich auch Wiesel, Füchse und Biber. Mittags singen Amseln, zum Vollmond Nachtigallen. Selbst ausgesetzte Schildkröten sollen hier turteln. Und dank der zunehmend milden Winter hat sich der Rote Amerikanische Sumpfkrebs so vermehrt, dass er mittlerweile abgefischt wird und auf den Speisekarten mancher Gourmetlokale als »Berliner Hummer« auftaucht. Der hätte auch den preußischen Monarchen geschmeckt, die den Tiergarten einst als Jagdrevier anlegten.

Im Zweiten Weltkrieg wurde der Park verheizt und als Kartoffelacker missbraucht, dann mühevoll wieder aufgeforstet. Auch heute noch geht es hinter den Büschen zuweilen heiß her: Sex & Crime bringen den Tiergarten immer wieder in Verruf.

VOM SCHLECHTEN RUF DES PARKS merkt man beim Ruderbootfahren aber rein gar nichts. Versprochen! An den Ufern des Sees, im Schatten von Eichen und Buchen, dösen Touristen. Drumherum geschotterte Wege und Statuen aus der Preußenära: neben diversen Wilhelms und Friedrichs auch Goethe, Wagner, Rousseau & Co.

Wir lassen uns treiben. Lassen die Beine im Wasser baumeln. Und schauen schließlich auf die Uhr. Zeit für die Rückfahrt! Allzu viel gibt es ohnehin nicht zu errudern: Die weitverzweigten Arme des Sees sind größtenteils für den Bootsverkehr gesperrt.

Der Biergarten des Cafés am Neuen See kann tatsächlich auch Nichtpreißn wie uns begeistern. Wir holen uns zwei Halbe süffiges Löwenbräu, dazu Leberkäs mit süßem Senf und Krautsalat, und setzen uns an einen der rustikalen Biertische. Durch die Baumkronen fallen die letzten Sonnenstrahlen des Tages und zaubern Goldfäden ins Wasser. Mit ihnen kehren auch die letzten Boote des Abends heim. Die Besatzungen sehen aus wie wir: ziemlich entspannt.

WENN MAN SCHON MAL HIER IST:

Schauen Sie beim Bundespräsidenten vorbei! Ein schöner Spaziergang führt vom Neuen See durch den Tiergarten und vorbei an der **Siegessäule** (siehe S. 75) zum **Schloss Bellevue** □→ (S3/5/7/9 Bellevue). Der erste klassizistische Schlossbau Preußens entstand in den Jahren 1785/86. Man achte auf die Beflaggung: »Ist der Lappen oben, ist der Lump unten«, lästert der Volksmund. Zugänglich ist das Areal leider nicht.

DER POLITIK AUFS DACH STEIGEN

EINE PLENARSITZUNG IM BUNDESTAG

TIERGARTEN --> BUNDESTAG

+ + + S T E C K B R I E F + + +
WO? PLATZ DER REPUBLIK 1 +++ U55 BUNDESTAG ODER S1/2/25/26 BRANDENBURGER TOR +++ WANN? IN DEN SITZUNGSWOCHEN (CA. 20 IM JAHR) DES DEUTSCHEN BUNDESTAGS MITTWOCHS 13-16 UHR, DONNERSTAGS 9-22 UHR UND FREITAGS 9-14 UHR +++ BUNDESTAG.DE +++ WIE LANGE? CA. 45 MINUTEN, ANSCHLIESSEND BESUCH DER KUPPEL MÖGLICH +++ WICHTIG! ONLINE-ANMELDUNG ERFORDERLICH, UND ZWAR SO FRÜH WIE MÖGLICH! MINDESTALTER 15 JAHRE. ES DÜRFEN KEINE GRÖSSEREN TASCHEN MITGEBRACHT WERDEN. VERGESSEN SIE IHREN AUSWEIS NICHT! +++ WIE VIEL? EINTRITT FREI! +++

KOSTENLOS

DEN REICHSTAG KENNT JEDER: vier Ecktürme, markante Kuppel. Über dem Säulenportal die Inschrift »Dem deutschen Volke«. Doch die wahre Größe des Monumentalbaus offenbart sich einem erst, wenn man die Freitreppe hinaufsteigt und das Säulenportal durchschreitet. Dabei passiert man nämlich nicht die mächtigen Säulen, sondern lediglich die eckigen Sockelsteine, auf denen sie ruhen. Schon das hat etwas Ehrfurcht Einflößendes. Dann steht man in der Eingangshalle und blickt auf Gerhard Richters *Birkenau*-Zyklus, des Künstlers ganz persönliche Auseinandersetzung mit dem Holocaust.
Wachpersonal geleitet uns von dort hinauf zur Besucherebene. Auf den Monitoren der Fernsehkameras sehen wir die Außenministerin reden. Wir hören sie aber nicht. Vorerst trennt uns noch eine Glaswand vom Plenarsaal.

DIE SAALDIENER WIRKEN WIE aus der Zeit gefallen. Sie tragen dunkle Livreen mit goldenen Knöpfen, auf denen der Bundesadler prangt. Sie öffnen die gläsernen Türen. Wir dürfen eintreten und auf den Besucherterrassen Platz nehmen, die über dem Plenarsaal schweben wie Markisen, die man ausfahren kann. Unsere Außenministerin sitzt mittlerweile auf der Regierungsbank. Der Stuhl des Kanzlers, der mit der höchsten Lehne, ist leer. Am Rednerpult ein Abgeordneter CDU/CSU-Fraktion. Bärbel Bas, die heute die Sitzung leitet, fällt ihm ins Wort: »Denken Sie bitte an die Redezeit!« Kurz darauf Applaus. Aber nur von der eigenen Fraktion. Von keiner anderen Partei. Und wir, die Besucher, dürfen nicht klatschen. Wir müssen uns mucksmäuschenstill verhalten.

Bärbel Bas stellt die nächste Rednerin vor. Sie kommt von ganz rechts, also von den Linken. Von der Tribüne aus ist alles seitenverkehrt. Die Abgeordneten der anderen Fraktionen strafen sie mit Missachtung. Die Einzigen, die ihr gespannt zuhören, sind wir und die Stenografen, die gleich vor dem Rednerpult sitzen. Sie notieren nicht nur jeden gefallenen Satz, sondern auch Emotionen im Saal. Alle fünf Minuten wechseln sie einander ab.

»FRAU PRÄSIDENTIN, liebe Kolleginnen und Kollegen …« So beginnen die Reden. Was folgt, ist nicht immer sehr aufregend, zumal nicht alle, die da reden, begnadete Redner sind. Und wie sich so manche Abgeordnete betragen, sind sie leider auch keine Vorbilder für die Jungs und Mädels in den Hoodies mit dem Aufdruck »Greifen-Gymnasium B-Team« neben uns. Jeder dritte Abgeordnete spielt mit seinem Smartphone herum, andere stecken die Köpfe zusammen und gackern. Und blicken nur auf, wenn Bärbel Bas wieder einmal zum Schlusswort mahnt: »Wenn es blinkt, ist die Redezeit zu Ende!«

Wir erleben keinen Schlagabtausch. Den gibt es nicht jeden Tag im Parlament. Dafür gibt es ein Bonbon zum Schluss: Wir dürfen hinauf auf die Dachterrasse und Runden in Norman Fosters gläserner Kuppel drehen. Im Winter ist es dort eiskalt. Dafür ist die Silhouette Berlins im Abendlicht einmalig: das erleuchtete Brandenburger Tor, Potsdamer Platz, Sony Center, Hauptbahnhof …

WENN MAN SCHON MAL HIER IST:

Lust auf Abendprogramm? Nahebei, fast in Nachbarschaft des Bundeskanzleramts, steht das **Tipi am Kanzleramt** ⇨ (Große Querallee, Tel. 030/39066550, tipi-am-kanzleramt.de). Die Zeltbühne bietet Musical, Chanson, Cabaret und Comedy. Wen man hier so sieht? Lisa Eckhart, Tim Fischer oder die Geschwister Pfister zum Beispiel. Dazu gibt es den Touch der Goldenen Zwanziger Jahre, zumindest ein wenig.

GERÄUCHERT ODER BLAU?

ZUM AFTERNOON TEA IM RITZ-CARLTON

TIERGARTEN --> POTSDAMER PLATZ S U

+ + + **S T E C K B R I E F** + + +
WO? POTSDAMER PLATZ 3 +++ U2 ODER S1/2/25/26 POTSDAMER PLATZ +++ WANN? SA/SO 14-17 UHR, NICHT JEDOCH IM HOCHSOMMER +++ RITZCARLTON.COM +++ TEL. 030/337777 +++ WIE LANGE? CA. 2 STUNDEN +++ WICHTIG! BESSER RESERVIEREN! +++ WIE VIEL? PRO PERSON 49 EURO, MIT CHAMPAGNER 62 EURO +++

AUS HAUCHDÜNNEN Rosenthal-Tässchen trinken wir Tee, der nach Lagerfeuer riecht. Genauer: wie die Klamotten nach einer Nacht am Lagerfeuer. Geräucherter Tee! Man lernt doch nie aus. Ein extravaganter Geruch und ein extravaganter Geschmack an einem extravaganten Ort. Den heutigen Nachmittag verbringen wir beim Afternoon Tea im Hotel Ritz-Carlton, dem ersten Haus am Potsdamer Platz. Fünf Sterne, 19 Stockwerke, über 300 Zimmer. Ein Art-déco-Glitzerding oder zumindest der opulente Nachbau eines Art-déco-Glitzerdings. Viel Gold, Marmor und Spiegel. Wir sitzen mittendrin in der Lounge, in bequemen Sesselchen, vom Personal umgarnt. Sogar eine »Tee-Meisterin« ist vor Ort. Rund 50 exquisite Teesorten gibt es im Angebot, darunter weißer Tee aus China, Earl Grey mit Kornblumenblüten oder blauer Tee (!) aus Taiwan.

DIE TRADITION des Afternoon Teas geht auf die Duchess of Bedford, eine Hofdame Queen Victorias, zurück. Die Gute war zwischen dem Mittag- und Abendessen immer ziemlich hungrig. Ließ sich Küchlein und Herzhaftes zum Tee servieren und lud Freunde dazu ein. Irgendwann wurde aus dem Hofritual Alltag auf der komischen Insel. That's the story.

Da der Nachmittagstee in Berlin für die meisten nicht zum Alltag gehört, wird zuerst geschnuppert. Schwarze Teedosen werden uns zum Erschnüffeln unseres Favoriten gereicht. Dann heißt es warten, bis all die klein-feinen Schweinereien zum Tee kommen. Sie werden auf einer Etagere serviert. Was für ein Anblick: ein römischer Brunnen voller Köstlichkeiten! Ganz unten die Mini-Sandwiches. Weiche, bunte Rechtecke mit köstlichen Füllungen wie Roastbeef, Lachs, Gurkencreme oder Brie. In der Mitte hat die hauseigene Patisserie eine Törtchenparty für uns organisiert: Himbeer-Tarte, Shortbread mit getrockneter Feige, Brownies. Obenauf schließlich warme Scones mit und ohne Rosinen. Dazu hausgemachte Orangenmarmelade und Clotted Cream, jener dicke Rahm, der beim Afternoon Tea nicht fehlen darf.

NACH EINER STUNDE sind wir uns einig: Rien ne va plus. Die Brownies werden hierbleiben. Ein paar deftige Rechtecke hätten wir noch genommen. Mit den süßen Teilchen aber übertreiben sie es hier ein wenig. Unsere Nachbarn, die wir aus den Augenwinkeln beobachten, sind da offenbar anderer Meinung. Der Enkel mit der Omi. Die leise diskutierenden Geschäftsleute. Das junge Pärchen in den weißen Klamotten, das noch einen Burger dazu bestellt hat – ob die zwei das Penthouse für 20.000 Euro gebucht haben? Ums Eck in der Bar sitzt der Pianospieler. Wir sehen ihn nicht, aber hören ihn: *Dreams are my reality* ...

Wir nehmen die Teekanne vom Stövchen und schenken uns nach. Geben noch ein wenig Milch dazu. Das soll gut gegen Nierensteine sein, wie wir heute gelernt haben. Wenig später schubst uns die schummrig-glamouröse Welt des Grand Hotels hinaus in die Berliner Wirklichkeit. An der Bushaltestelle stehen wir neben einem Mann, dessen Habseligkeiten in einem Einkaufswagen verstaut sind. Er riecht ebenfalls ein wenig nach Lagerfeuer.

WENN MAN SCHON MAL HIER IST:

Nichts spricht dagegen, sich nach dem Afternoon Tea einmal genauer auf dem **Potsdamer Platz** (siehe S. 74) umzusehen. Großer Publikumsmagnet ist natürlich das **Sony Center**. Man kann den Platz vom **Panoramapunkt**, aber auch von oben anschauen (Potsdamer Platz 1, tägl. 11–18 Uhr, Eintritt 7,50 Euro, panoramapunkt.de). Hinauf geht es mit dem schnellsten Aufzug Europas. In der Nähe des Ritz-Carlton liegt auch das **Kulturforum** mit all seinen Museen (siehe S. 76).

TIERGARTEN, SCHÖNEBERG

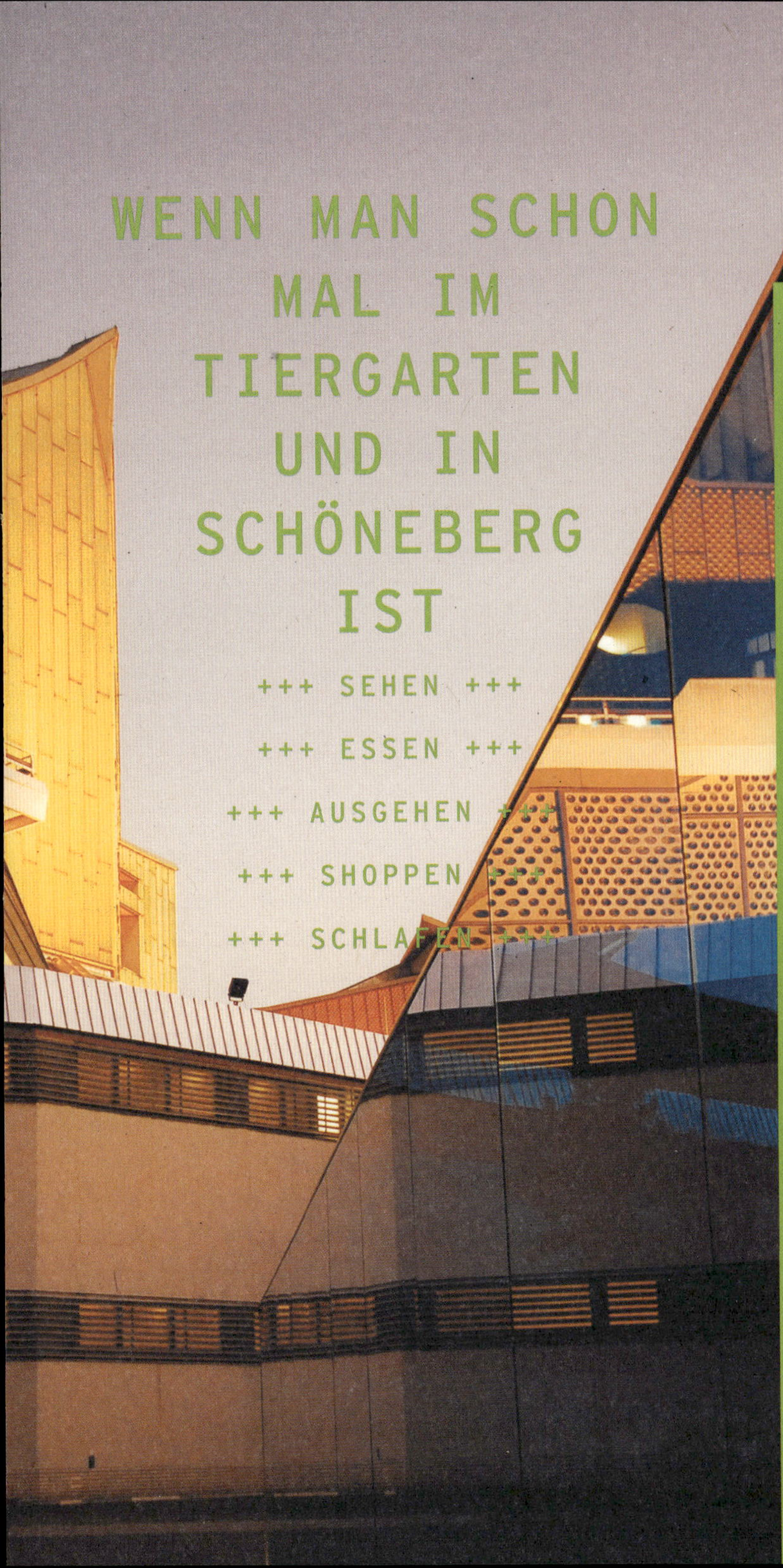

WENN MAN SCHON MAL IM TIERGARTEN UND IN SCHÖNEBERG IST

+++ SEHEN +++
+++ ESSEN +++
+++ AUSGEHEN +++
+++ SHOPPEN +++
+++ SCHLAFEN +++

2

+++++++++++++ SEHEN +++++++++++++

POTSDAMER PLATZ

In den 1920er-Jahren der verkehrsreichste Platz des Kontinents. Nach dem Zweiten Weltkrieg weites, ödes Niemandsland. Heute eine Art nachgebautes Manhattan, der Versuch einer Großstadtinszenierung in Anlehnung an die Hochhauskultur der USA. Was nicht jedem gefällt, will zumindest jeder sehen. Die meisten Besucher bekommt das von Helmut Jahn entworfene Sony Center ab. Der gläserne Komplex mit grandioser Dachkonstruktion stammt aus dem Jahr 2000. Im Inneren u. a. die deutsche Sony-Niederlassung, die DB-Konzernzentrale, Restaurants, Cafés und das Museum für Film und Fernsehen, eine spannend konzipierte Zeitreise durch die über 100-jährige Film- und Fernsehgeschichte Deutschlands.

+++ POTSDAMER STR. 4 +++ S1/2/25, U2 POTSDAMER PLATZ +++ SONYCENTER.DE +++

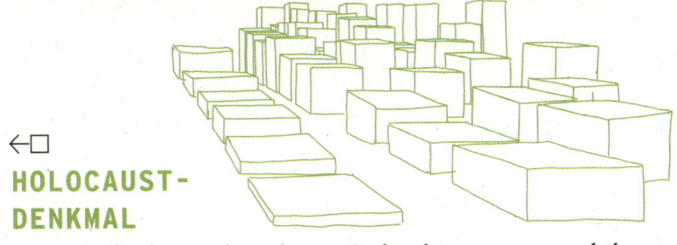

HOLOCAUST-DENKMAL

2.711 aufrechte Stelen, die an Sarkophage erinnern, bilden das Denkmal für die ermordeten Juden Europas. Es entstand nach einem Entwurf von Peter Eisenmann und wurde 2003–2005 errichtet. Unter dem Stelenfeld liegt der Ort der Information mit dem »Raum der Namen«. Dort sind Kurzbiografien der ermordeten Menschen über Lautsprecher zu hören. Mehr als 10.000 Kurzbiografien sind bereits aufgenommen, sechs Millionen wären möglich. Wären einmal alle Biografien gesprochen, müsste man 6 Jahre, 7 Monate und 27 Tage warten, bis sich der erste Name wiederholt.

+++ CORA-BERLINER-STR. 1 +++ S1/2/25, U2 POTSDAMER PLATZ +++ STIFTUNG-DENKMAL.DE +++

SIEGESSÄULE

1873 wurde die Siegessäule mit der Viktoria obenauf zur Erinnerung an die preußischen Feldzüge gegen Dänemark, Österreich und Frankreich vor dem Reichstag aufgestellt. NS-Chefarchitekt Albert Speer verlegte die »Goldelse« in die Mitte des Großen Sterns, wo sie bis heute zu Hause ist. 285 Stufen sind es hinauf bis zur Aussichtsplattform.

+++ GROSSER STERN +++ S3/5/7/9 BELLEVUE +++ APRIL-OKT. MO-FR 9.30-18.30 UHR, SA/SO BIS 19 UHR, SONST TÄGL. 9.30-17.30 UHR +++ TICKET 3,50 EURO, ERM. 3 EURO +++

KULTURFORUM

Eine geballte Ladung Kunst und Kultur ist hier versammelt: Philharmonie, Gemäldegalerie, Kupferstichkabinett, Kunstgewerbemuseum, Kunstbibliothek, Neue Nationalgalerie, Musikinstrumenten-Museum. Ab 2026 (wer's glaubt, wird selig) soll zudem das Museum der Moderne hinzukommen, ein neuer Tempel für die Kunst des 20. Jahrhunderts. Das heute recht zerrupfte und in seiner Gesamtheit konsequent unhübsche Areal entstand während des Kalten Kriegs als eine Art westlicher Gegenentwurf zu den in Ost-Berlin verbliebenen Kulturstätten auf der Museumsinsel und am Boulevard Unter den Linden.

+++ MATTHÄIKIRCHPLATZ +++ S1/2/25, U2 POTSDAMER PLATZ +++ SMB.MUSEUM +++

GALERIENVIERTEL POTSDAMER STRASSE

Die lebendige, viel befahrene »Potse« hat sich in den vergangenen Jahren ordentlich gewandelt und ist uns mittlerweile sehr ans Herz gewachsen. Die Straße ist so schäbig (Straßenstrich ums Eck) wie schnieke (Edelgastronomie und feine Boutiquen), so kunterbunt (alle Hautfarben vertreten) wie kreativ (rund 30 Galerien). Die meisten Kunsträume findet man rund um die Mercator-Höfe (Hausnummer 77/78).

+++ U1 KURFÜRSTENSTRASSE +++

+++++++++++ ESSEN +++++++++++++++

GOLVET
Superschick, umwerfender Stadtblick (8. Stock!) und dazu noch ein Michelinstern – wenn das kein Restaurant ist, mit dem man beeindrucken kann? Fünf-Gänge-Menü 109 Euro.
+++ POTSDAMER STR. 58 +++ S1/2/25, U2 POTSDAMER PLATZ +++ GOLVET.DE +++ 030/89064222 +++ MI-SA 18-22.45 UHR +++

JOSEPH ROTH DIELE
Nostalgisch eingerichtetes Lokal ganz im Zeichen des österreichischen Literaten. Neben Schweinebraten oder Käsespätzle gibt es Stullen und Bier in zünftigen Steinkrügen. Günstig.
+++ POTSDAMER STR. 75 +++ U1 KURFÜRSTENSTRASSE +++ JOSEPH-ROTH-DIELE.DE +++ 030/26369884 +++ MO-FR 10-22 UHR +++

ATLANTIK FISCHLADEN
Nicht vom Namen verwirren lassen – türkischer geht's nicht. Einfaches Schnelllokal mit Alkoholausschank und Terrasse an der »Potse«. Der frische Grillfisch ist genial – schmeckt fast wie am Bosporus.
+++ POTSDAMER STR. 166 +++ U2 BÜLOWSTRASSE +++ ATLANTIKFISCHLADENBERLIN.DE +++ 030/20051494 +++ TÄGL. 12-24 UHR +++

CAFÉ EINSTEIN
Wunderschönes Kaffeehaus im Wiener Stil: altes Parkett, riesige Spiegel, Thonetstühle. Tolles Frühstücksangebot, dazu der angeblich beste Apfelstrudel Berlins und ein klasse Tafelspitz.
+++ KURFÜRSTENSTR. 58 +++ U1/2/3 NOLLENDORFPLATZ +++ CAFEEINSTEIN.COM +++ 030/2639190 +++ TÄGL. 9-23 UHR +++

++++++++++++ AUSGEHEN ++++++++++++

VICTORIA BAR
Eine Anlaufadresse mit Stil und Geschmack. Klasse Beratung, klasse Drinks, dazu dezenter Jazz. Auch kleine Gerichte wie Sandwiches und Salate gibt es.
+++ POTSDAMER STR. 102 +++ U1 KURFÜRSTENSTRASSE +++ VICTORIABAR.DE +++ 030/25759977 +++ TÄGL. AB 18 UHR +++

LEYDICKE
Seit 1877 wird dieses Kneipenoriginal von derselben Familie geführt. Berlins Favorit für die UNESCO-Welttrinkstätteliste! Verräucherte Stuckdecke, bildhübsches Büfett, viel Krimskrams.
+++ MANSTEINSTR. 4 +++ S2/25/26 ODER U7 YORCKSTRASSE +++ LEYDICKE.COM +++ 030/2162973 +++ TÄGL. 18-1 UHR +++

++++++++++++ SHOPPEN ++++++++++++

BERLINER TRÖDELMARKT □→
Der bekannteste Flohmarkt Berlins. Viele Profis, viele Touristen. Angeschlossen auch ein Kunsthandwerksmarkt.
+++ STRASSE DES 17. JUNI +++ S3/5/7/9 TIERGARTEN +++ BERLINERTROEDELMARKT.COM +++ SA/SO 10-17 UHR +++

FIONA BENNETT
Die britisch-deutsche Modistin Fiona Bennett fertigt Hüte und abgefahrenen Kopfschmuck. Auf ihrer Kundenliste: Rammstein, Brad Pitt oder Christina Aguilera. Ihr Laden ist von betörender Ästhetik – anschauen!
+++ POTSDAMER STR. 81-83 +++ S1 KURFÜRSTENSTRASSE +++ FIONABENNETT.DE +++ DI-FR 10-19 UHR, SA AB 11 UHR +++

++++++++++ SCHLAFEN ++++++++++++

SO/ BERLIN DAS STUE

Fünf Sterne! Boutique-Hotel in der ehemaligen dänischen Gesandtschaft. »Stue« ist dänisch und heißt »Stube«. Soll heißen: schick-gemütliches Wohlfühlambiente statt der formellen Kühle vieler Designhotels. Ruhige Lage beim Zoo – von einigen Fenstern blickt man auf Kängurus und Strauße. DZ ab 350 Euro, Frühstück extra.

+++ DRAKESTR. 1 +++ MIT BUS 200 BIS HALTESTELLE CORNELIUSBRÜCKE +++ SO-BERLIN-DAS-STUE.COM +++ 030/3117220 +++

THE HIDDEN

Junge Mischung aus Hotel und Hostel in guter Lage – spannende Restaurants und Bars sind nur einen Katzensprung entfernt. Hip eingerichtet, dazu recht geräumige Zimmer und noch halbwegs bezahlbar: Ein DZ (Gemeinschaftsbad, kein Frühstück) ist hier für ca. 90 Euro zu bekommen.

+++ POTSDAMER STR. 182 +++ U7 KLEISTPARK +++ BUCHBAR ÜBER BOOKING.COM +++ 0157/35105357 +++

3 CHARLOTTENBURG-WILMERSDORF

+++ ERLEBEN +++

CHARME VON GESTERN trifft auf Bohemian Chic, »Botox to go« auf extravagante Kunst, der Nachbarschaftsitaliener auf verrückte neue Konzeptlokale. Die City West, zu der Charlottenburg, Wilmersdorf und Teile von Schöneberg gehören, verjüngt sich gerade mit Würde. Die Kräne drehen sich unaufhörlich, neue Glaspaläste stechen in den Berliner Himmel. Am Kurfürstendamm und in seinen Seitenstraßen war einst das Großbürgertum zu Hause. Noch heute sind die Autos dort eine Nummer größer, die Stuckaltbauten auch.

MUSEEN AN DER SCHLOSS- 1
STRASSE

WESTEND Ⓢ

88 × WO ALLE HINWOLLEN, WILL HERTHA WEG

Ⓢ OLYMPIASTADION

HEERSTRASSE

A115

KURFÜRSTENDAMM

CHARLOTTENBURG-WILMERSDORF -->

MEER IM MUND

AUSTERNSCHLÜRFEN IM KAUFHAUS DES WESTENS

CHARLOTTENBURG
<--WILMERSDORF

WITTENBERGPLATZ

+ + + S T E C K B R I E F + + +
WO? TAUENTZIENSTR. 21-24 +++ U1/2/3 WITTENBERG-
PLATZ +++ WANN? MO-SA 10-24 UHR +++ KADEWE.DE
+++ WIE LANGE? SO LANGE MAN WILL +++ WIE VIEL?
HÄNGT VON HUNGER UND GELDBEUTEL AB +++

»LEBEN DIE NOCH?« – »Die sind im Koma. Die kriegen nüscht mit. Die ham en jewaltigen Schock, wenn ick die öffne. Außerdem ham se keen Jehirn und sind nich schmerzempfindlich.« Ob das stimmt, was uns der Austernöffner der Austernbar da so erzählt? Recherchiert man ein wenig hinterher, liest man auch anderes. Wir schalten unser Gewissen ab, während wir die Karte studieren. Fines de Claires stehen darauf, französische Felsenaustern aus Marennes. Loch Fyne aus Schottland. Und Maldon, wilde englische Austern. Wir entscheiden uns für eine gemischte Platte. Sieben komatöse Zwitterwesen zu 29,50 Euro. Doch was heißt eigentlich »wir«? Nur einer von uns liebt Austern und freut sich auf eine geballte Ladung Meer mit Zitrone. Die andere von uns findet Glibber mit Salzwasser so lecker wie Hund hinten.

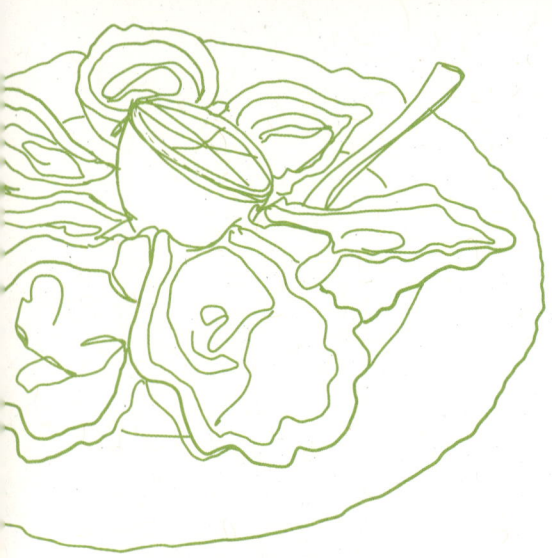

FÜR DIE ANDERE GIBT ES immerhin kühlen Riesling, der ihr die Kehle hinunterperlt, hier im sechsten Stock des Konsumtempels, schlicht »Sechste« genannt. Die Austernbar des KaDeWe ist Kult, wie eigentlich das gesamte Geschoss mit seinen über 30 State-of-the-Art-Restaurants und der Feinkostabteilung, einem Schlemmerparadies für Anspruchsvolle. Alles wurde jüngst auf Vordermann gebracht. Der Old-School-Charme der 1980er- und 1990er-Jahre ist einem zeitgemäß-puristischen Outfit gewichen.

Dem Publikum gefällt's. An der Theke rechts von uns sitzen junge Foodtouristen und staunen. Dazwischen das bejahrte Charlottenburg, teils Stammgäste seit Jahrzehnten. Es drängen Damen mit Prada-Täschchen an die Theke, die sich eine Platte Austern genehmigen wie wir uns zwischendurch eine Currywurst. Im Schnitt 1.500 Austern, so erzählt man uns, kippt sich die Kundschaft am Tag hinter die Kiemen. Sie wird bedient von berlinernden Austernexperten, die nicht auf etepetete machen, die man sich problemlos auch in einer Imbissbude vorstellen könnte. Der Chefausternöffner trägt Schnauzer und Bierspoiler, die Dame an der Kasse hellblaue Wimperntusche.

UND DANN KOMMEN SIE! Michaels Austern! Mit der Gabel löst er den blaugrauen Weichkörper von der perlmuttfarbenen Schale, träufelt Zitrone darauf. Und genießt mit einem langen »Hmmm«. Da fällt einem direkt Anthony Bourdains geniales Austern-Zitat ein. »Was ist die Auster, wenn nicht die perfekte Mahlzeit?«, fragte der Punk unter den Starköchen einmal. »Das ist Essen, wie es ursprünglicher und herrlicher nicht sein kann.« Wir zahlen und machen uns noch auf zu einem kleinen Spaziergang durch das Stockwerk der Köstlichkeiten. Über 1.000 Wurstsorten stehen zur Auswahl. Ähnlich viele Käsesorten. Ein Labyrinth voll feinen Essens auf über 7.500 Quadratmetern. Augen und Nase fahren Karussell. Wir könnten Seeigel kaufen (das Kilo zu 60 Euro), Störkaviar (50 Gramm zu 125 Euro) oder Bison-Entrecote (das Kilo zu 90 Euro). Tatsächlich aber kaufen wir nur eine rote Dose mit Vesuv-Tomaten (2,95 Euro). Machen wir immer, wenn wir hier sind. Und freuen uns auf den Primo piatto zu Hause. Gabi vor allem.

WENN MAN SCHON MAL HIER IST …

… sollte man sich auch den Rest anschauen. Durch das 1907 eröffnete **KaDeWe** →, nach dem Londoner Harrods das zweitgrößte Kaufhaus Europas, schlendern bis zu 100.000 Besucher täglich. Die Verkaufsfläche (ca. acht Fußballfelder groß) verteilt sich auf sieben Etagen, 2.500 rührige Geister sorgen für das Wohl der Kunden. Das Luxussegment ist gut vertreten, darunter Damenhandtaschen für 150.000 Euro, aber auch Designerhalsbänder für den Wauwau.

WO ALLE HINWOLLEN, WILL HERTHA WEG

HIGHLIGHT-TOUR DURCHS OLYMPIASTADION

CHARLOTTENBURG-WILMERSDORF -->

ⓢ OLYMPIASTADION

+ + + S T E C K B R I E F + + +
WO? OLYMPISCHER PLATZ 3 +++ U2 ODER S3/9 OLYMPIASTADION +++ WANN? IM WINTER NAHEZU TÄGL. UM 11 UHR, IM SOMMER ZUDEM UM 13 UND 15 UHR +++ OLYMPIASTADION.BERLIN +++ WIE LANGE? CA. 60-75 MINUTEN +++ WIE VIEL? 11 EURO, ERM. 8-9,50 EURO +++

GÜNSTIG, FAMILIENFREUNDLICH

BIS ZU 40.000 BESUCHER im Monat zieht das Olympiastadion an. Einfach so. Nicht weil die Stones spielen. Oder die Hertha. Sie kommen an veranstaltungsfreien Tagen, und zwar aus aller Welt. Solch einen Zuspruch erleben viele Stadien Europas nicht einmal an Spieltagen. »Das Berliner Olympiastadion ist aber auch nicht irgendein Stadion«, sagt unsere Führerin. »Das Berliner Olympiastadion ist legendär.« Und durch die Lücke im Rund, das Marathontor, unverwechselbar. Jeder Sportfan auf diesem Globus kennt es. Zidanes Kopfstoß gegen Materazzi im WM-Finale 2006 – wo war das? In Berlin! Die bis heute nicht getoppten Weltrekorde von Usain Bolt? Das Championsleague-Finale Barcelona gegen Turin? Die Leichtathletik-EM 2018? Na, wo war das alles? In Berlin! Und wo findet alljährlich das DFB-Pokalfinale statt?

DAS STADION, IN DEM REKORDE gebrochen, Geschichte und Geschichten geschrieben wurden, lockt vor allem Fußballfans an. Ihre Trikots unter den Jacken verraten, woher sie kommen. Bei der fremdsprachigen Tour sieht man auch welche von Chelsea, ManU, Barcelona oder Madrid. Nur die Italiener treten meist »in Zivil« auf. »Die fragen auch gerne mal, ob sie umsonst ins Stadion dürfen, schließlich wurden sie hier ja schon Weltmeister.«
Das Olympiastadion besitzt über der Erde einen Oberring und unter dem Umgebungsniveau einen Unterring. Dazu die »Katakomben«, das Highlight unserer Tour: Wir besichtigen die Umkleidekabinen mit Taktiktafel und Entmüdungsbecken. Letzteres verkürzt, so erfahren wir, die Regenerationsdauer. Wir spazieren an dem Raum für die Dopingkontrolle vorbei. Wir betreten die Ehrentribüne und fragen uns, welche Staatsmänner wohl am 24. Juli 2024 hier sitzen werden. Einer aus der Gruppe tippt auf Olaf Scholz und Emmanuel Macron. Das wäre ein tolles Finale der EM.
Wir kommen durch den Spielergang. Passieren den Bereich, wo die Interviews gegeben werden. Und gehen dann hinab zum Spielfeldrand und weiter zur Stadionkapelle. Fußballfans heiraten hier gerne.

DAS STADION IST MIT fränkischem Muschelkalk ummantelt. In nur zwei Jahren ließen es die Nazis für die Olympischen Sommerspiele 1936 erbauen. Die damals größte Arena der Welt – 100.000 Besucher hatten Platz – sollte zugleich die Überlegenheit der arischen Rasse demonstrieren. Das klappte nicht ganz. Erfolgreichster Athlet (viermal Gold) und Publikumsliebling wurde der Afroamerikaner Jesse Owens.

Zwischen 2000 und 2004 wurde die Arena zum heutigen Fünf-Sterne-Multifunktionsstadion umgebaut. Die Kapazität nun: 74.475 Plätze. Zu viel für die Hertha, den Hauptmieter. Denn nur, wenn das Stadion richtig voll ist, steppt hier der Bär. Zu den Herthaspielen füllt es sich aber oft nur zu zwei Dritteln, dann ist die Stimmung in dem weiten Rund mäßig. Daher regte der Verein zuletzt den Neubau einer reinen Fußballarena an. Ob das was wird? Unsere Führerin zitiert den Kaiser höchstpersönlich: »Schau'n mer mal.« Ach ja, der Weltmeister von 1974 stand bei der WM in Berlin gegen Chile auf dem Platz …

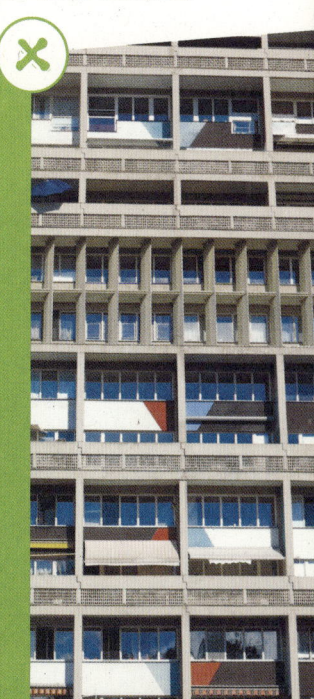

WENN MAN SCHON MAL HIER IST:
Sie sind nicht nur Fußballfan, sondern auch Architektur-Aficionado? Dann schauen Sie sich doch das **Corbusierhaus** ⇨ an. Es steht nur wenige Fußminuten südlich des Olympiageländes an der Flatowallee 6. Die »Wohnmaschine« von Le Corbusier aus dem Jahr 1958 beherbergt 530 Parteien auf 17 Etagen. Im Foyer gibt es architekturbezogene Wechselausstellungen (tägl. 10–18 Uhr, corbusierhaus-berlin.org). Ein Blick in eine Musterwohnung ist leider nur selten möglich.

HEUSCHRECKEN UND PAPAYASALAT

EIN ESSNACHMITTAG IM THAIPARK

CHARLOTTENBURG-
WILMERSDORF-->

KONSTANZER STRASSE

+ + + S T E C K B R I E F + + +
WO? PREUSSENPARK +++ U7 KONSTANZER STRASSE +++ WANN? APRIL BIS OKTOBER BEI SCHÖNEM WETTER JEDEN FREITAG, SAMSTAG UND SONNTAG VON 10 BIS 20 UHR +++ THAIPARK.DE +++ WIE LANGE? 1 BIS 4 STUNDEN +++ WIE VIEL? JE NACH KONSUM +++

GÜNSTIG, FAMILIENFREUNDLICH

AN EINEM STAND gibt es Steppengrillen und Heuschrecken in verschiedenen Größen. Zwei junge Typen mit Basecaps kaufen ein Schälchen »Heuschrecken mittel« und laden uns zu einer Kostprobe ein. Wir fassen uns ein Herz, langen zu und schieben uns die mit Chili gewürzten Insekten in den Mund. Gar nicht so schlecht. Ein wenig wie Chips. Gepanzerte Chips. »Nur die Beine fehlen«, sagt die eine Basecap. »Die würden zwischen den Zähnen hängen bleiben.«
Ein Sommernachmittag im Wilmersdorfer Preußenpark. Unter einem Dach bunter Sonnenschirme werden Frühlingsrollen frittiert und Spießchen gegrillt. Teigtaschen bräunen, Suppen köcheln. Ein Witzbold fragt im Vorübergehen: »Haben Sie auch Hund?« »Nur deutschen, keinen asiatischen«, antwortet die Dame vom Grill.

DIE RIESIGEN GEBRATENEN BARSCHE sehen lecker aus, die Oktopus-Spieße fast noch verführerischer! Wir machen es uns wie so viele bequem auf unseren mitgebrachten Decken und beobachten die Szenerie auf der grünen Wiese, die ehrlich gesagt nicht zu den schönsten unter der Berliner Sonne zählt. Aber was soll's. Asiatische Familien sitzen im Schatten auf bunten Hockern und spielen Karten. Ein Pärchen schaut sich bei Minzlimonade und einem Teller Pad Thai schmachtend in die Augen. Über 40.000 Süd- und Südostasiaten leben in der Stadt. Vor allem die Thailänder treffen sich bereits seit den 1990er-Jahren am Wochenende im Preußenpark zum gemeinsamen Essen. Das, was als familiäres Picknick begann, wurde im Laufe der Jahrzehnte zum wohl ersten Streetfood-Markt Berlins mit dem Namen »Thaipark«. Lange Zeit aber war das kulinarische Spektakel illegal und den Behörden ein Dorn im Auge. Schwarzgastronomie und zweifelhafte Hygiene waren die Hauptvorwürfe. Erst 2022 wurde der Markt legalisiert. Seitdem gibt es keinen Schnaps mehr. Das Wildbrutzeln auf Bastmatten ist geordneten Ständen gewichen. Und auch an der Müllentsorgung wurde gearbeitet.

ZEIT FÜR DEN NÄCHSTEN GANG! Eine mollige Dame mit Strohhut winkt uns herbei, deutet auf die Metallbehälter voller bunter Foodporns vor sich. Wir wählen Frühlingsrollen mit Garnelen und ein Rindercurry mit Bohnen. Letzteres ist ultrascharf, schmeckt nach Hölle, aber gleichzeitig auch nach Urlaub unter Palmen – so sehr, dass man schon das Meer riecht. Das Rennen macht zudem ein fruchtiger Papayasalat (die Portion sieben Euro), der frisch für uns in einem Mörser zusammengestampft wird: rohe Papaya, Karotte, Chili, getrocknete Garnelen, Erdnüsse, Limettensaft und Fischsauce.
Obwohl wir schon längst pappsatt sind, gönnen wir uns ein kleines Dessert: Sticky Rice mit Mango und Kokosmilch – noch so ein Gericht, das Erinnerungen weckt. Mit einem breiten Grinsen bekommen wir es überreicht. Zu schade, dass sich die Köchin nicht fotografieren lässt, wie übrigens alle Marketenderinnen des Thaiparks. Die Essensstände dürfen wir ablichten, nicht aber die, die das Essen verkaufen!

WENN MAN SCHON MAL HIER IST:
Nach dem Essen sollst du ruh'n oder tausend Schritte tun! Wie wäre es mit einem ausgiebigen Spaziergang über den **Kurfürstendamm** ⬜→ (siehe S. 98), der nur eine U-Bahn-Station (U7 Adenauerplatz) vom Preußenpark entfernt ist? Wer den Ku'damm vom Adenauerplatz gen Westen abspaziert, passiert viele noble Läden wie Louis Vuitton oder Chanel und landet irgendwann am Breitscheidplatz mit der Gedächtniskirche.

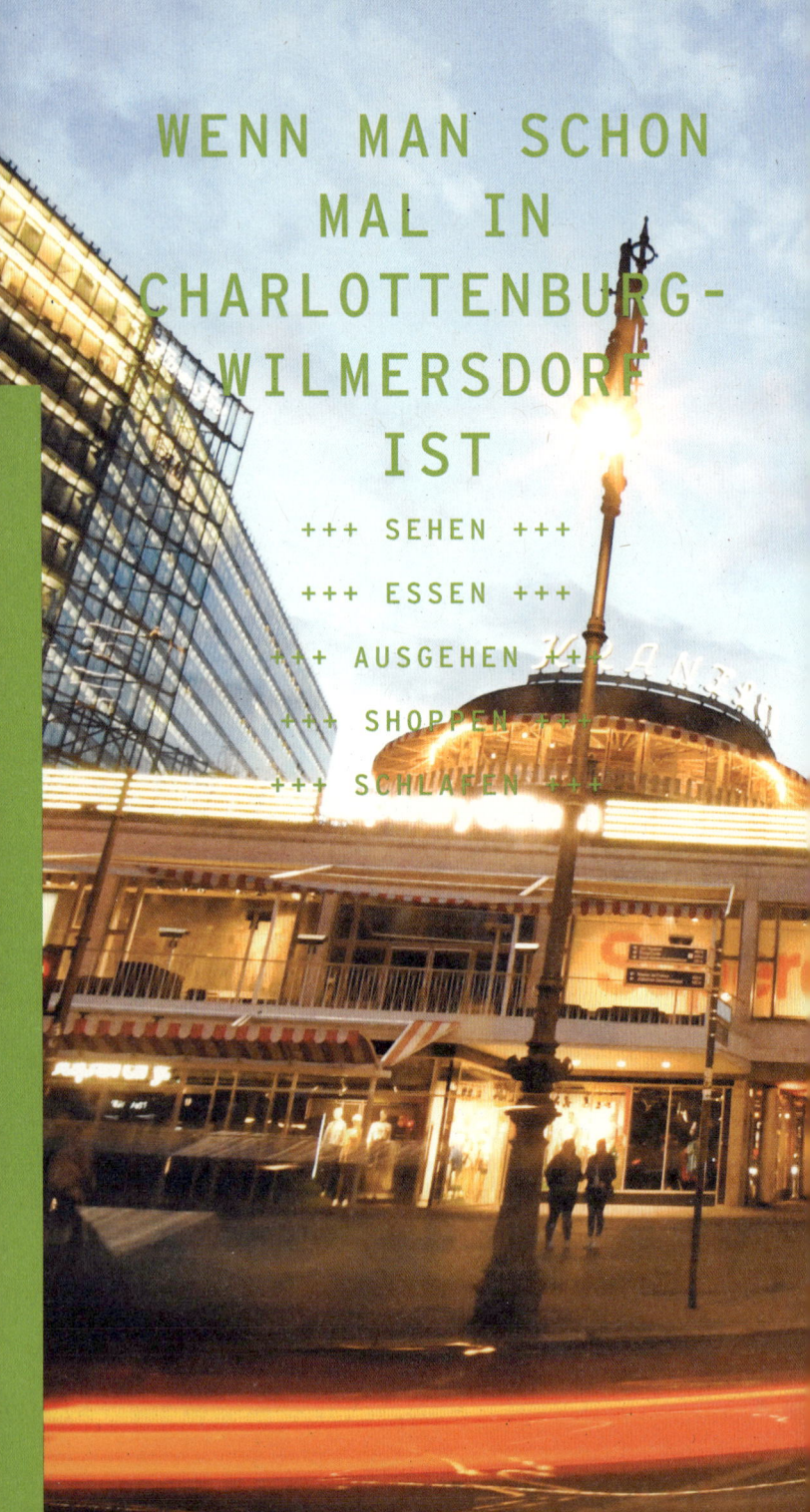

WENN MAN SCHON MAL IN CHARLOTTENBURG-WILMERSDORF IST

+++ SEHEN +++
+++ ESSEN +++
+++ AUSGEHEN +++
+++ SHOPPEN +++
+++ SCHLAFEN +++

3

++++++++++++ SEHEN ++++++++++++

KURFÜRSTENDAMM
Blinke-blinke! Die 3,5 Kilometer lange Lebensader des großbürgerlichen Berliner Westens trennt Charlottenburg im Norden von Wilmersdorf im Süden. Erst 1885 wurde der staubige Reitweg »Churfürstendamm« zu einem repräsentativen Boulevard verbreitert. In der Weimarer Republik avancierte der Ku'damm zur quirlig-umtriebigen Ausgehmeile, während des Kalten Kriegs zum »Schaufenster des Westens«. Nach der Wende wurde es eine Weile still um ihn. Mittlerweile aber ist der Glamour zurück: Hipster kommen zum Einkaufen, Galerien ziehen nach Charlottenburg, sexy Hotels haben eröffnet, und die Nobellabels sind eh schon da. Nur die Vollprolls mit ihren fetten Autos, die darauf Rennen fahren, nerven.
+++ U1, 9 KURFÜRSTENDAMM, U1 UHLANDSTRASSE ODER U7 ADENAUERPLATZ +++

KAISER-WILHELM-GEDÄCHTNISKIRCHE

Die einst monumentale neoromanische Kirche wurde unter Wilhelm II. in Gedenken an seinen Großvater Wilhelm I., den ersten deutschen Kaiser, zwischen 1891 und 1895 erbaut. 1943 wurde sie bei einem Bombenangriff zu großen Teilen zerstört, das Hauptschiff daraufhin abgerissen. Seitdem ragt der 68 Meter hohe Turmtorso als Mahnmal in den Himmel. Erhalten blieb auch die Eingangshalle der Kirche mit prächtigen Gewölbemosaiken, heute die sog. Gedenkhalle mit einer kleinen Ausstellung.
+++ BREITSCHEIDPLATZ +++ U1 KURFÜRSTENDAMM +++ GEDAECHTNISKIRCHE-BERLIN.DE +++ MO-FR 10-18 UHR, SA/SO 12-17.30 UHR +++ EINTRITT FREI! +++

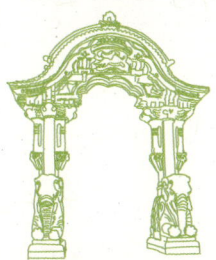

ZOO UND AQUARIUM

Mit seinen 34 Hektar ist der Berliner Zoo zwar recht klein, bietet aber dennoch Platz für rund 14.000 Tiere. Zu den Highlights gehören die Pandas, die Eisbären und die Flusspferde, denen man unter Wasser beim Gähnen zusehen kann. Im Aquarium nebenan sind nochmals 9.000 Tiere zu bestaunen, darunter Krokodile, Riffhaie, Rochen und Schildkröten.
+++ HARDENBERGPLATZ 8 BZW. BUDAPESTER STR. 32 +++ S3/5/7/9 UND U2/9 ZOOLOGISCHER GARTEN +++ ZOO-BERLIN.DE BZW. AQUARIUM-BERLIN.DE +++ TÄGL. 9-18 UHR +++ KOMBITICKET 23,50 EURO, ERM. AB 12 EURO +++

← SCHLOSS CHARLOTTENBURG

Der preußische »Palazzo Protzi« ging aus einem im späten 17. Jahrhundert errichteten Lustschlösschen hervor. Insgesamt sieben Monarchengenerationen prägten ihn, zuletzt wohnte hier Kaiser Friedrich III. in seiner nur 99 Tage währenden Regierungszeit im Jahr 1888. Nach 1945 wurde das zerstörte Schloss nach historischem Vorbild wiederaufgebaut. Durchs Innere werden zwei Touren angeboten. Drum herum ein wunderschöner Park.

+++ SPANDAUER DAMM 20-24 +++ U7 RICHARD-WAGNER-PLATZ +++ SPSG.DE +++ APRIL-OKT. TÄGL. (AUSSER MO) 10-17.30 UHR, SONST BIS 16.30 UHR +++ KOMBITICKET FÜR ALLES 17 EURO, ERM. 13 EURO +++

MUSEEN AN DER SCHLOSSSTRASSE

In unmittelbarer Nähe zum Schloss kann, wer mag, einen Museumsmarathon absolvieren. Picasso & Co. gibt es im Museum Berggruen zu bewundern (smb.museum). Im Bröhan-Museum nebenan (broehan-museum.de) werden schöne Dinge aus der Zeit des Jugendstils, des Art déco und des Funktionalismus präsentiert. In der Sammlung Scharf-Gerstenberg (smb.museum) steht der Surrealismus im Mittelpunkt. Und im Theaterbau des Schlosses Charlottenburg sollte bis zu Ihrem Besuch das Käthe-Kollwitz-Museum (kaethe-kollwitz.berlin) eröffnet haben.

+++ U7 RICHARD-WAGNER-PLATZ +++

++++++++++++ ESSEN +++++++++++++++

BRASSERIE COLETTE

Der geniale Tim Raue steckt hinter diesem so stilvollen wie unspießigen Lokal, in das wir ganz verliebt sind. Raffinierte Brasserieküche. Das Mittagsmenü gibt es für 33 Euro, abends wird's teurer.

+++ PASSAUER STR. 5-7 +++ U1/2/3 WITTENBERGPLATZ +++ BRASSERIECOLETTE.DE +++ 030/21992174 +++ TÄGL. 12-15 UND 18-23 UHR +++

GOOD FRIENDS

Berlins Mini-Chinatown liegt an der Kantstraße! In diesem einfachen und guten kantonesischen Lokal geht es überaus authentisch zu. Es gibt Seegurke mit Fischbauch, aber auch Dinge, die den europäischen Magen bei Laune halten.

+++ KANTSTR. 30 +++ S3/5/7/9 SAVIGNYPLATZ +++ GOODFRIENDS-BERLIN.DE +++ 030/3132659 +++ TÄGL. 12-22.45 UHR +++

ROGACKI

Schon seit 1928 existiert dieses Berliner Original, eine Mischung aus Fischladen (unzählige Fischsalate), Edel-Metzgerei und Delikatessengeschäft. Genial.

+++ WILMERSDORFER STR. 145-146 +++ U2/7 BISMARCKSTRASSE +++ ROGACKI.DE +++ DI-FR 10-18 UHR, SA 8-14 UHR +++

CAFÉ WINTERGARTEN

Wunderschönes Café im Literaturhaus. Goldener Stuck, Kunst an den Wänden, namengebender Wintergarten und idyllische Gartenterrasse. Frühstück, tolle Kuchen, feine Küche.

+++ FASANENSTR. 23 +++ U1 UHLANDSTRASSE +++ LITERATURHAUS-BERLIN.DE +++ 030/8825414 +++ TÄGL. 9-24 UHR +++

++++++++++++ **AUSGEHEN** ++++++++++++

DEUTSCHE OPER BERLIN
Außen ziemlich nüchtern (1956–61 erbaut), innen karg-elegant. Platz hat's für 1.900 Opernfans. Auf dem Spielplan u. a. Verdi, Rossini und Wagner.
+++ BISMARCKSTR. 35 +++ U2 DEUTSCHE OPER +++ DEUTSCHEOPERBERLIN.DE +++ 030/34384343 +++

MONKEY BAR
Stylishe Bar im 10. Stock des 25hours Hotels (siehe S. 103) – grandiose Blicke über den Tiergarten und aufs Affenhaus im Zoo. Softe Tür, aber Wartezeiten können vorkommen.
+++ BUDAPESTER STR. 40 +++ U1 KURFÜRSTENDAMM +++ MONKEYBARBERLIN.DE +++ 030/120221210 +++ MO-DO AB 18 UHR, FR-SO AB 13 UHR +++

++++++++++++ **SHOPPEN** ++++++++++++

SUAREZSTRASSE
Eine ganze Straße voller Antiquitäten- und Trödelläden. Edle Stücke aller Stilepochen – da macht Stöbern Spaß.
+++ U2 SOPHIE-CHARLOTTE-PLATZ +++

☐ ↑ BIKINI BERLIN
Die außergewöhnlichste Mall der Stadt. Neben Boutiquen Berliner Designer und Concept Stores auch Pop-up Stores und die »Berlin Boxes«, Holzschachtelgeschäfte, die schnell neu vermietet werden können. Vom Café grandioser Blick auf die rotärschigen Paviane im Zoo nebenan.
+++ BUDAPESTER STR. 38-50 +++ U1 KURFÜRSTENDAMM +++ BIKINIBERLIN.DE +++ TÄGL. (AUSSER SO) 10-20 UHR +++

+++++++++ SCHLAFEN +++++++++++++

25HOURS HOTEL BIKINI BERLIN
Wer hier ein *Jungle*-Zimmer mit Hängematte, Plüschäffchen und Blick auf den Zoo bucht, will das Haus vielleicht nie mehr verlassen. Braucht er auch nicht. Im Gebäude sind das In-Restaurant NENI mit nahöstlicher Küche und die Monkey Bar (siehe S. 102). DZ ab 183 Euro, Frühstück extra.
+++ BUDAPESTER STR. 40 +++ S3/5/7/9 UND U2/9 ZOOLOGISCHER GARTEN +++ 25HOURS-HOTELS.COM +++ 030/1202210 +++

HOTEL-PENSION FUNK
Charlottenburg ist bekannt für seine Etagenhotels, und in der Pension Funk kann man richtig in Nostalgie baden. 14 Zimmer mit Blümchentapete, Antiquitäten, Häkeldeckchen und Lüster, nicht alle mit privatem Bad. Hier wohnte übrigens Schauspiellegende Asta Nielsen, in ihrem einstigen Salon wird heute gefrühstückt. DZ ab 52 Euro.
+++ FASANENSTR. 69 +++ U1 UHLANDSTRASSE +++ HOTEL-PENSIONFUNK.DE +++ 030/8827193 +++

4
KREUZBERG UND TEMPELHOF

+++ ERLEBEN +++

4

KRAWALLHEINIS UND JUNKIES, aber auch sternegekrönte Restaurants und luftige Concept Stores: Kreuzberg ist alles, dazu ziemlich links und immer noch sehr multikulturell. Doch der Wandel ist da. Aufgemischt wird das frech-fröhlich-bunte Ganze mittlerweile von so einigen dicken Geldbeuteln. Im Süden schließt der Stadtteil Tempelhof mit seinem namhaften Ex-Airport an Kreuzberg an. Auf dem ehemaligen Flugfeld erstreckt sich heute eine der größten innerstädtischen Freiflächen auf unserem Globus.

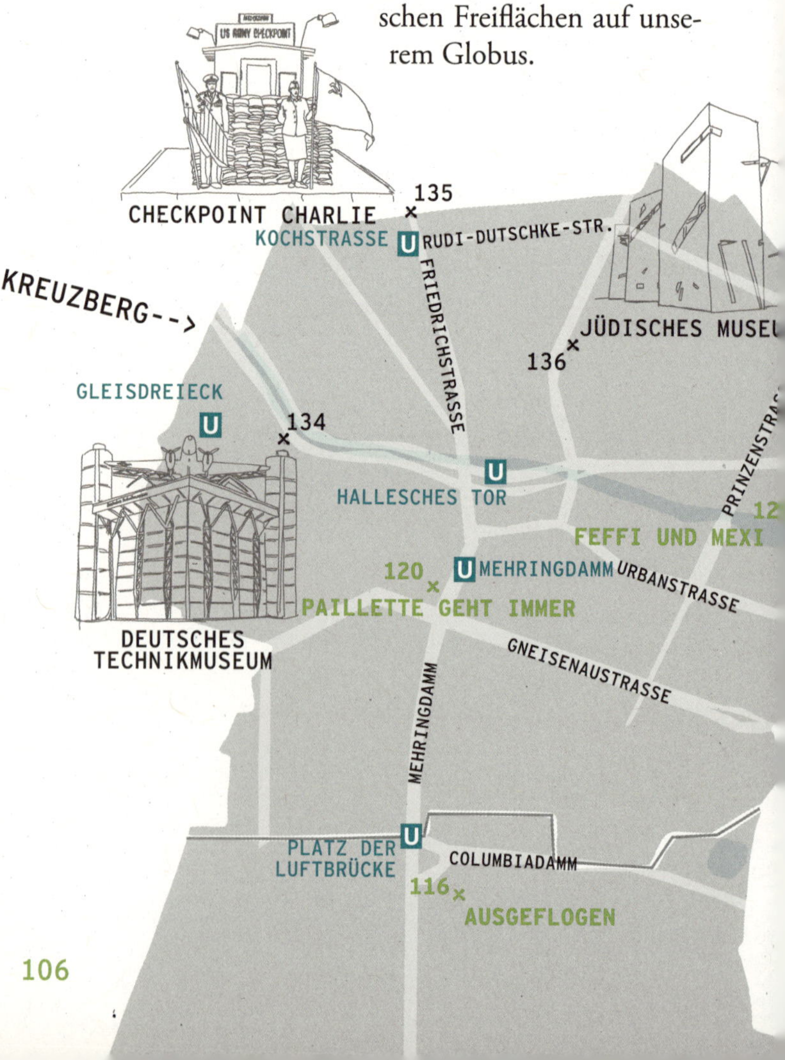

CHECKPOINT CHARLIE
135
KOCHSTRASSE U RUDI-DUTSCHKE-STR.
FRIEDRICHSTRASSE

KREUZBERG-->

JÜDISCHES MUSEUM
136

GLEISDREIECK
U
134
HALLESCHES TOR U
PRINZENSTRASSE
12
FEFFI UND MEXI

120 U MEHRINGDAMM URBANSTRASSE
PAILLETTE GEHT IMMER

DEUTSCHES TECHNIKMUSEUM

GNEISENAUSTRASSE

MEHRINGDAMM

PLATZ DER LUFTBRÜCKE U COLUMBIADAMM
116
AUSGEFLOGEN

MIT TIGERKOSTÜM UND POLIZEIESKORTE

CRITICAL MASS: DIE ETWAS ANDERE STADTRADTOUR

KOTTBUSSER TOR

<--KREUZBERG

+ + + S T E C K B R I E F + + +
WO? START IN DER REGEL AM MARIANNEN- ODER HEINRICHPLATZ +++ U1/8 KOTTBUSSER TOR +++ WANN? JEDEN LETZTEN FREITAG IM MONAT +++ CRITICALMASS-BERLIN.ORG +++ WIE LANGE? CA. 3 STUNDEN +++ WIE VIEL? KOSTENLOS +++

DER MARIANNENPLATZ IST BUNT, so viele Räder sind da. Die Bullen in Blau, von denen Rio Reiser im *Ton-Steine-Scherben*-Kultsong singt, gibt es aber auch. Sie werden uns Radlern in den kommenden Stunden den Weg bahnen. Denn gleich legen wir den Berliner Verkehr lahm! Zumindest ein wenig. Die Critical Mass entstand 1992 in San Francisco als radelnde Protestbewegung gegen die Benachteiligung unmotorisierter Verkehrsteilnehmer. Fünf Jahre später hatte der an Automachos gerichtete Fahrrad-Fuckfinger auch Berlin erreicht. Seitdem radeln an jedem letzten Freitag im Monat bis zu 3.500 Menschen scheinbar unorganisiert durch die Stadt. Eine Route gibt es nicht. Einer radelt los, und alle anderen radeln hinterher. Als Masse ohne Anführer und damit ohne jemanden, der für die Verkehrsbehinderung verantwortlich gemacht werden kann.

IMMER MEHR RADLER SAMMELN sich um uns herum: Freaks wie aus den Technoclubs der 90er, mit Plüschtiger-Ganzkörperanzug samt Schwanz, Blinke-Blinke-Sneakers und auf den Gepäckträger montierten Boxen. Rennradfahrer in ihrer Kluft. Einradfahrer. Omis mit Pudel im Radkorb. Und Touristen mit Leihrädern. Ein großes Klingelingering kündigt den Start an. Es geht los! Wie viele wir wohl sind? Auch an diesem lauen Juniabend müssen es Tausende sein, die mitmachen.

Als klingelnde Bikeparade durchfahren wir zunächst Kreuzberg, bis es über die Oberbaumbrücke nach Friedrichshain hineingeht. Touristen zücken ihre Handys, formen die Münder zum »O«, grinsen. Auch unsere Stimmung steigt. Wann sonst kann man schon so anarchisch sein? Rote Ampeln? Dürfen wir überfahren! Mehr als 15 Radfahrer gleichzeitig gelten als geschlossener Verband und damit als einziger Verkehrsteilnehmer. In diesem Fall darf man den anderen auch noch folgen, wenn längst Rot ist (Paragraph 27 StVO!). Die Verstärker werden aufgedreht, die Bierflaschen hervorgeholt: »Prost!« Für Radfahrer gilt die Promilleobergrenze von 1,6! Die bunte Szene Friedrichshains schwindet, wir fahren hinein in die Alltagstristesse Lichtenbergs.

ETWA EINE HALBE STUNDE SPÄTER passieren wir die entschieden unhübschen Plattenbaukonglomerate von Marzahn und Hellersdorf. Familien winken von den Balkonen. Mittlerweile radeln wir durch ein Meer aus Seifenblasen und durch eine Wolke aus Hasch. Gute Laune mal Zigtausend. Die ersten Räder beginnen zu tanzen, und Peter Fox rotzt aus den Boxen: »Guten Morgen, Berlin/Du kannst so hässlich sein/So dreckig und grau/Du kannst so schön schrecklich sein …« Eine Touristin quietscht: »Is this still Berliiin?« Yes, it is.

Langsam aber sicher nähern wir uns wieder jenen Orten, über die man auch in Reiseführern liest: Zur Blauen Stunde überqueren wir den Alexanderplatz, der heute uns gehört, wenig später den Potsdamer Platz, vorbei am Sony Center. Die untergehende Sonne streichelt die Stadt, als wir nach einer Gesamtfahrtzeit von fast drei Stunden den Endpunkt der heutigen Critical Mass erreichen: die Siegessäule am Tiergarten. Sie wird umkreist und umkreist. Auf den Zufahrtsstraßen stauen sich die Autos, ihre Lichter reichen bis zum Horizont.

WENN MAN SCHON MAL HIER IST:

Die Critical Mass ist kein Spaziergang und kann ungeübte Radfahrer auch schon mal schlauchen. Unser Tipp: vorher gut stärken! Gleich ums Eck vom Startpunkt Mariannenplatz befindet sich mit dem Lokal **Hasır** ⟶ ein gutes und authentisches türkisches Restaurant. Hier soll der Döner übrigens erfunden worden sein und als grandioser Re-Import seinen Weg in die Türkei gefunden haben (Adalbertstr. 10, hasir.de, tägl. 12–24 Uhr).

KATHEDRALE DER SUBKULTUR

EIN PUNKKONZERT IM SO36

KOTTBUSSER TOR

<--KREUZBERG

+ + + S T E C K B R I E F + + +
WO? ORANIENSTR. 190 +++ U1/8 KOTTBUSSER TOR +++ WANN? GEBOTEN WIRD HIER JEDEN ABEND ETWAS, PUNK BZW. PUNKROCK GIBT ES ZWEI- BIS DREIMAL IM MONAT +++ SO36.COM +++ WIE LANGE? 1 BIS 3 STUNDEN +++ WIE VIEL? TICKETS CA. 20 EURO +++

»BRÜLLEN, ZERTRÜMMERN UND DANN WEG.«

Ein krasser Spruch, den das Punk-Mädel da auf seiner Nietenjacke spazieren führt. Sie trägt dicken Kajal. Und guckt düster drein – genau wie ihr Freund, ein Spargeltarzan mit türkis gefärbtem Irokesenschnitt. Wir schauen uns um. Nicht nur junge Punkpärchen sind heute im SO36 versammelt, sondern auch ganz schön alte Punkrocker. Mit Tonsur oder Fleischmütze statt Iro. Kein Wunder bei der Band. Wir warten auf die *UK Subs*, die legendäre Punkformation aus London. Sänger Charlie Harper ist Baujahr 1944, »FCK NZS« vereinte damals noch die halbe Welt. Seit 1980 spielen die *UK Subs* fast jedes Jahr einmal im SO36. Die Bude ist wie immer voll. Noch aber ist die Vorband dran, kräht Generation Earplugs ins Mikrofon. Tatsächlich werden vor Ort Ohrstöpsel verkauft. Das Paar zu 50 Cent.

ÜBER 40 JAHRE hat das SO36, die Kathedrale des Berliner Punk und New Wave, auf dem Buckel. So legendär ist die Konzertlocation, dass man ihr gar schon einen eigenen Bildband widmete. Seinen Namen erhielt der Club ganz simpel von dem historischen Berliner Postzustellbezirk SO (= Südost) 36. Bei der Cluberöffnung im Jahr 1978 schauten David Bowie und Iggy Pop vorbei. Letzterer kollabierte an der Theke, so erzählt man sich. Und seitdem? Wer betrat hier nicht alles die Bühne? *Die Ärzte*, Lydia Lunch, Henry Rollins, *Fehlfarben* oder *The Cure*. Als die *Dead Kennedys* spielten, musste die Oranienstraße für zwei Tage gesperrt werden. *Die Toten Hosen* bezeichnen ihre Konzerte im »Esso« als »Familienfeste«. In die Räumlichkeiten passen ja auch nicht viel mehr als 500 Gäste! Blixa Bargeld & Co. bohrten hier schon mit Presslufthämmern Löcher in die Wände.

Heute geht es meist ein wenig zahmer zu in der schmalen, fensterlosen Halle. Zumal dann, wenn Punk-Opis wie die *UK Subs* auftreten. Charlie Harper betritt die Bühne, mit frisch blondierten Haaren und Marlon-Brando-Lederjacke. Er setzt zu *Warhead* an, und die Menge tobt.

WIR TRAUEN UNS GANZ NACH VORNE zu den Pogotänzern und Stagedivern. Manche von ihnen sehen aus wie Lehrer, die morgen früh zur Schule müssen. Keine wilden Rempeleien, kein Springerstiefel im Gesicht, keine fliegenden Flaschen. Eine SO-Rule, die zum Nachlesen aushängt, lautet: »Stagediven gehört zu unserer Kultur dazu. Ein Arschloch sein aber nicht.«

Im Raucherraum herrscht Overtourism – wegen Überfüllung geschlossen. Wir holen uns lieber noch ein Bier. Es gibt Quartiermeister, ein »Soli-Bier«, ein Teil der Erlöse fließt in soziale Projekte. Wir picheln also für einen guten Zweck! Beim Anstehen an der Theke gehen wir das Clubprogramm durch. Ein paar Events müssen wir uns mal wieder auf unsere Liste setzen. Wie den etwa alle drei Wochen stattfindenden Nachtflohmarkt zum Beispiel. Oder die *Gayhane,* die schwullesbische Türkenparty am letzten Samstag im Monat – da ist so gar nichts *halal.* Das SO36 ist einfach Kreuzberg, wie es leibt und lebt.

WENN MAN SCHON MAL HIER IST:

Vor dem Konzert (oder nach dem Konzert) geht man am besten auf ein, zwei, drei Bier ins **Franken** ⟶ gegenüber (Oranienstr. 19a, franken-bar.de, tägl. ab 18 Uhr). Ein schwer verraucherter, ein wenig abgefuckter Laden mit Musik (und Publikum) zwischen Punkrock und Metal. Mal mehr, mal weniger freundliche Bedienungen, gute Bierauswahl. Das geschnitzte historische Schnapsbüfett ist eine echte Augenweide.

AUSGEFLOGEN

»MYTHOS TEMPELHOF«: FÜHRUNG DURCH DEN EHEMALIGEN ZENTRALFLUGHAFEN

PLATZ DER LUFT-BRÜCKE 🆄 <--TEMPELHOF

+ + + S T E C K B R I E F + + +
WO? START DER FÜHRUNGEN IM »BESUCHERZENTRUM CHECK-IN« AM PLATZ DER LUFTBRÜCKE. ZUGANG ZUM EINSTIGEN FLUGFELD U. A. VOM TEMPELHOFER DAMM UND VOM COLUMBIADAMM +++ U6 PLATZ DER LUFTBRÜCKE +++ **WANN?** FÜHRUNGEN MO/MI/DO UM 15 UHR, FR/SA/SO UM 12 UND 15 UHR. DAS FELD IST VON SONNENAUF- BIS -UNTERGANG ZUGÄNGLICH +++ THF-BERLIN.DE +++ **WIE LANGE?** DAUER DER FÜHRUNG CA. 2 STUNDEN +++ **WICHTIG!** RESERVIERUNG IM VORAUS RATSAM! +++ **WIE VIEL?** 16,50 EURO, ERM. 11 EURO. DER ZUTRITT ZUM FELD IST KOSTENLOS +++

AM ENDE DER TOUR STEHEN WIR in der prächtigen Ankunfts- und Abflughalle. Das einzige Gepäckband auf weiter Flur tut keinen Mucks mehr. Manche Check-in-Schalter tragen noch Namen: Bourbon Air, Cirrus Air, Sky Fly. Das Kopfkino beginnt. Wir sehen Herren mit Trilby-Hütchen und Damen im Kostüm schwere Lederkoffer aufgeben.
Zentralflughafen Tempelhof. Was für eine Geschichte! Der Airport wurde zwischen 1936 und 1941 nach Plänen von Ernst Sagebiel zur Selbstinszenierung der Nazis errichtet. Ein Flughafen in Gestalt einer wehrhaften Trutzburg, das flächengrößte Gebäude der Welt. Das aber nie vollendet wurde. Die Kriegswirren machten die megalomanen Pläne zunichte, manche Treppentürme zum Beispiel sind bis heute Rohbauten. Mit Flughäfen hat es diese Stadt einfach nicht. Ob Krieg oder Frieden. 2008 verschwand Tempelhof aus den Flugplänen.

ZWEI STUNDEN waren wir mit unserem Guide Andreas in dem ehemaligen Flughafengebäude unterwegs. Er führte uns durch klaustrophobische Gänge, durch riesige, fensterlose Säle, durch die kriegsversehrte »Ehrenhalle« mit ihrer imposanten Kassettendecke. Und durch die Basketballhalle der Amerikaner. Bis 1993 waren hier noch 1.000 US-Soldaten stationiert. Und die wollten unterhalten werden.

Auch mit spannenden Infos und Zahlen zur Luftbrücke 1948/49 hat uns Andreas gefüttert. Er zeigte uns einen der legendären Rosinenbomber auf dem Flugsteig. Mittels dieser Propellerflugzeuge wurde Berlin während der Blockade von den Westalliierten versorgt. Und Andreas schickte uns aufs zugige Dach, wo die Nazis eine Tribüne für 80.000 Besucher bauen wollten, die den Flugschauen zujubeln sollten.

Später standen wir in einem der über 40 Luftschutzkeller. 30 Menschen mussten hier während der Angriffe im Krieg eng an eng ausharren. An der Decke eine nackte Glühbirne. An den Wänden dilettantisch gemalte Wilhelm-Busch-Szenen, die Kinder ablenken sollten. »Ein Teckel, der den Deckel lupft, wird eingeklemmt und angetupft«, war da in Sütterlin zu lesen.

DEM »MYTHOS TEMPELHOF« wollen wir auch noch nachgehen, nachdem wir das Terminal verlassen und Andreas Tschüss gesagt haben. Wir schnappen unsere Räder und radeln übers Tempelhofer Feld. Auf der riesigen, 500 Fußballfelder großen Fläche wirkt der Himmel groß und der Mensch ganz klein. Was für Dimensionen! Wo einst das preußische Militär exerzierte und dann Flieger in alle Welt abhoben – 1926 gar die erste Maschine der »Deutschen Luft Hansa« (sic!) –, hat Berlin heute einfach nur Spaß. Vor uns, neben uns und hinter uns Kitebuggy-Fahrer, Jogger, Rollerblader. Im Winter läuft man lang, im Sommer grillt man Hammelkoteletts (wer das ebenfalls machen will: keine Gasgrills und keine Grills unter einer Beinlänge von 20 Zentimetern!). Im Stadtteilgarten Schillerkiez ganz im Osten des Felds gärtnern türkische Mamas neben Hipstern. Urban Gardening nennt sich das. Jeder darf hier Beete bepflanzen oder sonst wie kreativ werden. Und im »Luftgarten« gibt es Bier und Currywurst. Ach. Eigentlich kann Berlin Flughafen doch ganz gut.

WENN MAN SCHON MAL HIER IST:

Den Buckel runter und dann rechts – und schon steht man in der **Bergmannstraße** (U7 Mehringdamm oder Gneisenaustraße), dem Herz des gleichnamigen Kreuzberger Kiezes. Imbisse, Cafés, Trödler und Boutiquen gibt es hier. Schauen Sie sich mal den **Chamissoplatz** an: ein Bilderbuchplatz mit stuckverzierten Häusern und antiken Laternen! Oder essen Sie ein Fischbrötchen in der **Marheineke-Markthalle** □→: Marheinekeplatz 15, Mo–Fr 8–20 Uhr, Sa bis 18 Uhr (meine-markthalle.de).

PAILLETTE GEHT IMMER

JURASSICA PARKAS LATE-NIGHT-SHOW IM BKA-THEATER

KREUZBERG-->

+ + + S T E C K B R I E F + + +
WO? BKA-THEATER, MEHRINGDAMM 34 +++ U6/7 MEHRINGDAMM +++ WANN? MINDESTENS EINMAL IM MONAT, IN DER REGEL SAMSTAGS UM MITTERNACHT +++ BKA-THEATER.DE +++ WIE LANGE? CA. EINEINHALB BIS 2 STUNDEN +++ WICHTIG! NICHT IN DIE FALSCHE SCHLANGE EINREIHEN! DAS BKA-THEATER RESIDIERT IM 5. STOCK DES GEBÄUDEKOMPLEXES (AUFZUG!). DIE MÄNNERSCHLANGE IM HOF STEHT VOR DER GAY-SAUNA BOILER AN ... +++ TICKET CA. 20 EURO +++

»AM WICHTIGSTEN IST MIR, dass mein Publikum für zwei Stunden die Welt da draußen vergisst. Wenn viel gelacht und noch ein bisschen was gelernt wird, dann ist es für mich eine perfekte Paillette.« Jurassica Parka hat ihr Ziel heute auf jeden Fall erreicht. Gegen 2 Uhr morgens stolpern wir wie die meisten anderen Zuschauer leicht angeschickert auf den Mehringdamm, mit einem breiten Grinsen im Gesicht. Wir haben gelauscht, geklatscht, getrunken und Tränen gelacht im schummrigen Foyer des Kleinkunsttheaters BKA. Regelmäßig lädt die Travestiekünstlerin Jurassica Parka dort zu ihrer Late-Night-Show. Jurassica ist eine Bilderbuch-Dragqueen in XL: fast zwei Meter groß (ohne High Heels), sehr schlank, knappes Paillettenminikleid (Höschen sichtbar) und perfektes Make-up. Immer dabei: ein illustrer Talkgast bzw. eine illustre »Talkgästin«.

WER WAR NICHT SCHON ALLES DA? Annemarie Eilfeld (Top 3 bei *DSDS*). Micaela Schäfer (*Dschungelcamp*-Teilnehmerin). Anastasia Biefang (transsexuelle Soldatin). Oder gar Kevin Kühnert (schwuler Politiker). Wer hierherkommt, muss Fragen unter der Gürtellinie aushalten. Jurassicas schräge Show ist frech und manchmal respektlos, teils ganz schön frivol und meistens urkomisch. »Wenn ich den Fummel anhabe, traue ich mich mehr, da wird einem viel mehr verziehen«, sagte sie mal in einem Interview.

»So, ihr Mäuse«, begrüßt uns Jurassica vom Podium neben der Bar. Die Atmosphäre im Foyer ist schnuckelig-intim. Wir sitzen nicht in Reih und Glied, sondern grüppchenweise um Tische herum. Darauf Cocktails und Bier. Die »Gästin« der heutigen Nacht: Travestiekünstlerin Jade Pearl Baker, Teilnehmerin von *Voice of Germany 2017* und im BKA-Theater selbst mit einer eigenen Show vertreten. Jade trinkt Wodka. Jurassica süffelt Sekt. Und wenn sie dabei in ihr stiefelgroßes Glas bläst, klingt es wie ein verliebter Buckelwal. Der lässige Talk mit Jade folgt keiner Linie. Mal geht's ums Showbiz, mal um die Beziehung. Es wird geschnattert und gelästert.

AUCH DAS PUBLIKUM WIRD EINGEBUNDEN.

Wir werden aufgefordert, Fragen auf einen Zettel zu schreiben. Die heitere Stimmung schafft heitere Fragen. Manche kommen ungehörig-unverblümt daher. Andere sind harmlos: Dein Lieblingsfahrgeschäft auf dem Rummel? Warmduscherin oder Eisbaderin? Wenn Jurassica beim Vorlesen der Fragen lacht, entfährt ihr manchmal ein kehliger Schnarcher.

Zwischendurch singt die glamouröse Jade mit ihrer leicht rauchigen Stimme ein Lied. Zum Dahinschmelzen. Danach wird's schnell wieder deftig, dann wieder so lustig, dass man sich den Bauch halten muss. Gegen Ende der trashigen Shows kommt nämlich meist das Thema »Kackgeschichte« aufs Tapet. Jurassica liebt Kackgeschichten (»liegt in der Familie«). Dabei werden die Gäste nach Fäkalanekdoten gefragt. Auch Jurassica erzählt oft eine, unendlich peinlich und so voller Selbstironie, dass man sie knutschen könnte. Jade hat heute ebenfalls eine parat. Kevin Kühnert hingegen fiel damals keine ein.

WENN MAN SCHON MAL HIER IST:

Lachen macht hungrig. Was für ein Glück, dass es vor der Tür des BKA-Theaters mit Curry 36 ☐→ gleich eine der populärsten Currywurstbuden Berlins gibt. Und nochmals Glück, dass diese auch noch bis 5 Uhr morgens geöffnet hat! Mehr Infos ab S. 176, wo wir die Berliner Kultwurst in einem eigenen Stadtabenteuer verbraten haben (Mehringdamm 36, curry36.de).

TOFUTUSSIS UND KEULENKUMPEL

STREETFOOD THURSDAY IN DER MARKTHALLE NEUN

GÖRLITZER BAHNHOF 🅄

<--KREUZBERG

+ + + S T E C K B R I E F + + +
WO? EISENBAHNSTRASSE 42/43 +++ U1 GÖRLITZER BAHNHOF +++ WANN? JEDEN DONNERSTAG VON 17 BIS 22 UHR +++ MARKTHALLENEUN.DE +++ WIE LANGE? SO LANGE MAN WILL +++ WIE VIEL? JE NACH KONSUM +++

WIR STARTEN MIT »typical German meatballs« und setzen uns auf die lässige Holztreppe in der Mitte der Markthalle. Hier hat man den besten Blick auf all die duftenden Garküchen und die buntgefiederten Menschen, die geschwätzig unter uns hin- und herwuseln oder auf Bierbänken beieinandersitzen. Sie trinken Grauburgunder der Weinhandlung Suff (!). Pale Ale der Handwerkerbrauerei Heidenpeters. Oder Gin Tonic, angerührt mit einem Gin der Kreuzberger Manufaktur Mondhügel, deren Produkte zu 100 Prozent natürlich sind und ohne zusätzliche Aromen auskommen.

Die tischtennisballgroßen Meatballs sind verdammt lecker! Auch wenn man sich bei so mancher Version fragt, was denn »typical German« daran sein soll. Die »Bangalore«-Klopse schmecken nach Cumin und Koriander, die »Bangkok«-Bällchen nach Ingwer und Zitronengras. Und »Berlin«? Entfernt nach Berlin …

KREUZBERG BLEIBT UNHÖFLICH

14 MARKTHALLEN GAB ES Ende des 19. Jahrhunderts in Berlin. Sie verteilten sich über die ganze Stadt und versorgten die Bevölkerung mit Fleisch, Fisch, Gemüse und Kolonialwaren. Im Zweiten Weltkrieg wurden viele der historischen Markthallen zerstört. Nur vier Hallen blieben erhalten. Einer Anwohnerinitiative ist es zu verdanken, dass die Markthalle Neun, ein Schmuckstück aus Klinkerstein und gusseisernen Stützsäulen, dazugehört und heute das ist, was sie ist: Markt, Foodie-Pilgerort und Touristenattraktion in einem. Wer den Streetfood Thursday verpasst, kann hier auch an anderen Tagen einkaufen. Und jeden dritten Sonntag im Monat lädt man zum Breakfast Market.

Heiß und fettig ist hier genauso zu haben wie gesund und vegan. Die TofuTussis verkaufen Rotwein- oder Algenräuchertofu. Bei der Alten Milch gibt es fabelhaften Käse, die Laibe gefühlt so groß wie Unimog-Reifen. Auch Kumpel & Keule mögen wir gerne, eine gläserne Metzgerei, stilsicher bis ins letzte Tüpfelchen. Etwas weiter duftet es nach persischem Safranreis mit Berberitzen. Was wollen wir noch nachschieben? Ceviche, türkische Ravioli mit Joghurtsauce oder Porkbelly-Sandwiches von Big Stuff?

WIR ENTSCHEIDEN UNS für Takoyaki, pflaumengroße japanische Oktopusbällchen. Außen knusprig, innen cremig und so lecker, dass die Engel singen.
Beim Luftschnappen zwischen den einzelnen Gängen treffen wir draußen vor der Tür auf eine Gruppe junger Partytouristen aus Liverpool. »It's just amazing!«, sagt einer. An der Backsteinwand hinter ihm der hingesprühte Spruch »Kreuzberg bleibt unhöflich«. Für so manche Wut-Kreuzbürger ist die Markthalle der Rammbock der Gentrifizierung im Kiez schlechthin.
Doch nicht erst seit ihrer Konvertierung in eine Hipsterfressmeile lockt die Markthalle Touristen an. Eine kleine Pilgerstätte war sie schon vorher. Schuld ist Sven Regener, der seinen klugscheißenden »Herrn Lehmann« zum Schweinebratenessen ins Weltrestaurant Markthalle schickte. Das Restaurant heißt mittlerweile Marktlokal und serviert Burrata, Bottarga und Koshihikari-Reis. Dazu gibt's Bier aus großen Humpen. Das immerhin ist noch typical German.

WENN MAN SCHON MAL HIER IST:

Der **Görlitzer Park** □→ gleich ums Eck ist ein wenig räudig, aber doch sehr lebendig. Türkische Familien grillen Berge von Hammelkoteletts, Hunde jagen Frisbeescheiben hinterher, Weinflaschen drehen ihre Runden, und die Dealer stehen Spalier. Der »Görli« entstand übrigens erst in den späten 1980ern auf dem Gelände des abgerissenen Görlitzer Bahnhofs. Zugänge zum Park befinden sich unter anderem in der Görlitzer und der Wiener Straße.

FEFFI UND MEXI

UNTERWEGS IN KREUZBERGS 24-STUNDEN-KNEIPEN

<-- KREUZBERG

+ + + STECKBRIEF + + +

WO? BEI SCHLAWINCHEN, SCHÖNLEINSTR. 34, U8 SCHÖNLEINSTRASSE +++ BIERHAUS URBAN, URBANSTR. 126, BIERHAUSURBAN.DE, U8 SCHÖNLEINSTRASSE +++ ROTE ROSE, ADALBERTSTR. 90, U1/3/8 KOTTBUSSER TOR +++ WANN? JEDERZEIT +++ WIE LANGE? 24 STUNDEN ODER SO LANGE MAN WILL +++ WIE VIEL? HÄNGT VON DER TRINKKONDITION AB +++

FREITAGNACHMITTAG. Wir haben gerade die Vier-Uhr-Latte fürs erste Bier gerissen. Der Himmel ist blau, und so mancher hier drinnen auch. Wieso auch nicht? Die Kein-Bier-vor-vier-Regel kennt hier niemand. Wer um 14 Uhr Schichtende hat, kann danach genauso trinken gehen wie der, der um sechs Uhr morgens Feierabend macht. Für solche Leute gibt es Orte wie das Schlawinchen. Beziehungsweise »Bei Schlawinchen«, wie die kernige, bis unter die Decke mit Trödel zugebaute Kneipe korrekt heißt. 1979 wurde hier das erste Bier über den Tresen gereicht. Von da an war sie nie auch nur eine Stunde dicht. Bis Corona kam. Schlawinchen ist Kult. Wer mag, kann hier am Vormittag wild zu Nina Hagen tanzen, während Stammgäste vorm Herrengedeck und über der Zeitung sitzen. Wie auch jetzt gerade. »Na, wieder Mord und Totschlag in der BZ?«, fragt der Wirt. »Nee, allet wie immer.«

SONNTAGMORGEN, 3.30 UHR. Die Jukebox wird fleißig gefüttert, die Crowd ist in bester Laune. Wir sind angeschickert wie die meisten zu dieser Stunde im Bierhaus Urban. Manche trinken »Pfeffi« (Pfefferminzlikör, gesprochen »Feffi«), andere »Mexi« (Korn mit scharfem Tomatensaft) – die Konstanten der Eckpinten. Dazu wird heftigst gequarzt.

Tagsüber kommen jene auf eine Tulpe Pils, die vielleicht schon kamen, als Berlin noch Frontstadt des Kalten Krieges war – so lange gibt es das Bierhaus nämlich. Nachts wird das Publikum aufgemischt. Dann gehen auch mal kleine Konzerte über die Bühne, oder vor der Tür wird gegrillt. Dann wird der rustikale Schuppen cool. Wie heißt es so schön auf der eigenen Webseite: »Heute sind wir hip und morgen vielleicht schon wieder abgefuckt.«

Nun, mitten in der Nacht, sitzen Hipster neben Opis, Paolos neben Erikas. An der langen Theke des Bierhauses Urban vereinen sich Schein und Sein. Berlins 24-Stunden-Kneipen sind nicht nur ein Sammelbecken der Flaneure vom Gestern ins Morgen. Sie sind eine Berliner Institution, die lange Jahre von der halben Welt beneidet wurde – bis man auch in Hintertupfingen die Sperrstunde gelockert hat.

SONNTAGMORGEN, 10 UHR. Irgendwo läuten Glocken zum Gottesdienst. Die einen gehen in die Kirche, die anderen in die Kneipe. Wir ziehen in die Rote Rose, ein weiteres Kreuzberger Original. »Urig« ist kein falsches Wort für diesen Laden. »Trashig« auch nicht. Holzvertäfelte Wände. Der Boden verbröselt mit Tabak. Über dem Durchgang zum Klo eine Art Schrein mit Schneewittchen und den sechs (?!) Zwergen. Außer dem Türsteher und der Bedienung – einer langhaarigen Prinzessin, die morgen vermutlich wieder zur Uni radelt – scheint hier niemand mehr den Durchblick zu haben. Die Stimmung ist entspannt, fern jeglicher Aggressivität. Eher von der Sorte »später, müder Suff«, bei dem sich alle lieb haben. Aus den Boxen die Plastic Ono Band. Einer der handfesten Kerle vom Nebentisch, dicht wie ein U-Boot, tanzt mit seiner Bierflasche durch den Raum und singt mit: »Give peace a chance.« Ein schönes Wort zum Sonntag. Auf Kreuzbergerisch.

WENN MAN SCHON MAL HIER IST:

Immer noch nicht genug? Dann hätten wir noch was. Von der Roten Rose ist man schnell zum **Trinkteufel** □→ getorkelt, einem punkigen Anarcho-Laden mit dem einladenden Untertitel »Das Tor zur Hölle«. Der Trinkteufel (Naunynstr. 60) mutiert am Wochenende (nur dann!) zur 24-Stunden-Kneipe. Hier soff bereits Peter O'Doherty und wäre fast rausgeflogen – was hier schon was heißen will …

WENN MAN SCHON MAL IN KREUZBERG UND TEMPELHOF IST

+++ SEHEN +++

+++ ESSEN +++

+++ AUSGEHEN +++

+++ SHOPPEN +++

+++ SCHLAFEN +++

++++++++++++++ SEHEN ++++++++++++

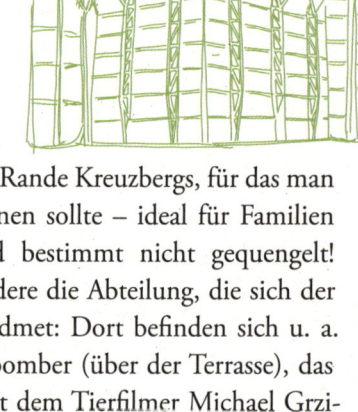

□↑
DEUTSCHES TECHNIKMUSEUM

Ein riesiges Museum am Rande Kreuzbergs, für das man mehrere Stunden einplanen sollte – ideal für Familien mit Kindern, hier wird bestimmt nicht gequengelt! Spektakulär ist insbesondere die Abteilung, die sich der Luft- und Schifffahrt widmet: Dort befinden sich u. a. eine Ju 52, ein Rosinenbomber (über der Terrasse), das Wrack des Flugzeugs, mit dem Tierfilmer Michael Grzimek 1959 nach dem Zusammenstoß mit einem Geier (!) über der Serengeti abstürzte, und ein 36 Meter langer Kaffenkahn, der im 19. Jahrhundert in der Havel sank. Im angeschlossenen Science Center Spectrum gibt es über 150 interaktive Experimentierstationen.

+++ TREBBINER STR. 9 +++ U1/2 GLEISDREIECK ODER U1/7 MÖCKERNBRÜCKE +++ TECHNIKMUSEUM.BERLIN +++ DI-FR 9-17.30 UHR, SA/SO 10-18 UHR +++ TICKET 8 EURO, ERM. 4 EURO +++

CHECKPOINT CHARLIE

Der »Checkpoint C«, nach dem Buchstabieralphabet der US Army »Charlie« genannt, war im geteilten Berlin ein Grenzübergang für Ausländer. West-Berliner oder Bundesbürger durften ihn nicht passieren. Heute markiert ein Leuchtkasten mit dem Brustbild eines russischen Soldaten (rückseitig das Porträt eines US-Soldaten), ein Kunstwerk von Frank Thiel, die Stelle. Direkt davor steht eine verkleinerte Kopie des einstigen US-Wachhauses. Gegenüber verdient das Mauermuseum an der Geschichte. An nur wenigen anderen Stellen der Stadt wird die Historie Berlins mehr verramscht als in der Ecke um den Checkpoint Charlie.
+++ U6 KOCHSTRASSE +++

ORANIENSTRASSE

Die fast 2 Kilometer lange »O-Straße« ist das Herz von SO36, wie man den chaotisch-bunten, linksalternativen und noch ziemlich türkischen Teil Kreuzbergs nennt. Wir sind hier gerne unterwegs. Kaufen Hemden mit Oktopusmuster im Sixties-Laden Green Fuzz (Hausnr. 23A), gehen auf ein Konzert ins SO36 (Hausnr. 190, siehe S. 112) oder stöbern in den Buchhandlungen. In der Straße gibt es auch das Museum der Dinge des Werkbundarchivs mit Alltagsgegenständen des 20. und 21. Jahrhunderts (Hausnr. 24).
+++ U8 KOTTBUSSER TOR +++

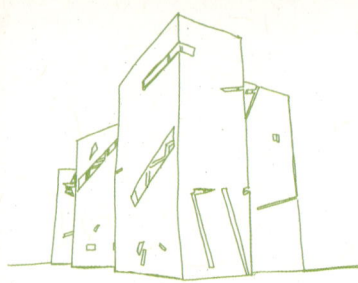

JÜDISCHES MUSEUM

Ein Muss, nicht nur aufgrund seiner spektakulären, symbolischen Architektur, für die Stararchitekt Daniel Libeskind verantwortlich zeichnet. Er setzte neben das ehemalige barocke Kammergericht einen zinkverkleideten, unregelmäßig gezackten Neubau, der einem geborstenen Davidstern ähnelt. Verbunden sind die beiden Gebäude nur unterirdisch. Die eindrucksvolle Dauerausstellung dokumentiert die jüdische Geschichte auf deutschem Boden von ihren Anfängen vor fast 2.000 Jahren bis heute.
+++ LINDENSTR. 9-14 +++ U1/6 HALLESCHES TOR +++ JMBERLIN.DE +++ TÄGL. 10-19 UHR +++ DIE DAUERAUSSTELLUNG IST KOSTENLOS +++

SCHLESISCHES TOR

Coole Szenegänger, arme Teufel, türkische Gockel und Partytouristen mit großen Augen. Rund um den »Schlesi«, so die verniedlichte Kurzform für einen doch eher unniedlichen U-Bahnhof, treffen sich am Abend alle. Die einen flanieren mit dem Gehbier in der Hand zur Spree, die anderen bechern laut in einer der unzähligen Bars, die dritten zieht es zu den Technoclubs am Flutgraben. Die Horden von Die-Sau-raus-Lassern gehen den Anwohnern ganz schön auf den Keks. Wir meinen trotzdem: Muss man mal gesehen haben.
+++ U1 SCHLESISCHES TOR +++

++++++++++++++ ESSEN ++++++++++++++++

HORVÁTH
Kreuzberg kann auch Sternelokal! In dieser Weinstube de luxe, ausgezeichnet mit zwei Michelin-Sternen, kreiert Küchenchef und Inhaber Sebastian Frank eine ziemlich verrückte Küche mit Anklängen an Österreich und Ungarn. Fünf-Gänge-Menü 160 Euro.

+++ PAUL-LINCKE-UFER 44A +++ U1/8 KOTTBUSSER TOR ODER SCHÖNLEINSTRASSE +++ RESTAURANT-HORVATH.DE +++ 030/61289992 +++ MI-SA 18.30-22 UHR +++

MAX UND MORITZ
Eine Touristennummer, aber eine sehr »jemütliche«. Im rustikalen Ambiente gibt es Berliner Küche wie Eisbein mit Erbspüree oder Hoppel-Poppel (Bauernfrühstück mit Kassler). Dazu süffige Kreuzberger Molle.

+++ ORANIENSTR. 128 +++ U8 MORITZPLATZ +++ MAXUNDMORITZBERLIN.DE +++ 030/69515911 +++ MI-SO 18-23 UHR +++

GOLDIES
Pommesbude de luxe! Die genialen Kartoffelsticks gibt es nicht nur klassisch »rot-weiß«, sondern auch ganz extravagant mit gezupfter Entenkeule (= Ente Peking) oder mit geschmorter Aubergine (= Caponata).

+++ ORANIENSTR. 6 +++ U1/3/8 KOTTBUSSER TOR +++ GOLDIES-BERLIN.DE +++ TÄGL. 12.30-22 UHR +++

TWO TRICK PONY
Brunch-Café, ein ganz heißer Hipster-Scheiß. Raffinierte Sauerteigbrot-Kombinationen, unter anderem mit Blutwurst oder Estragonsoße. Nicht billig.

+++ BERGMANNSTR. 52 +++ U7 SÜDSTERN +++ TWOTRICKPONY-BERLIN.COM +++ 030/28662543 +++ MI-MO 10-16 UHR +++

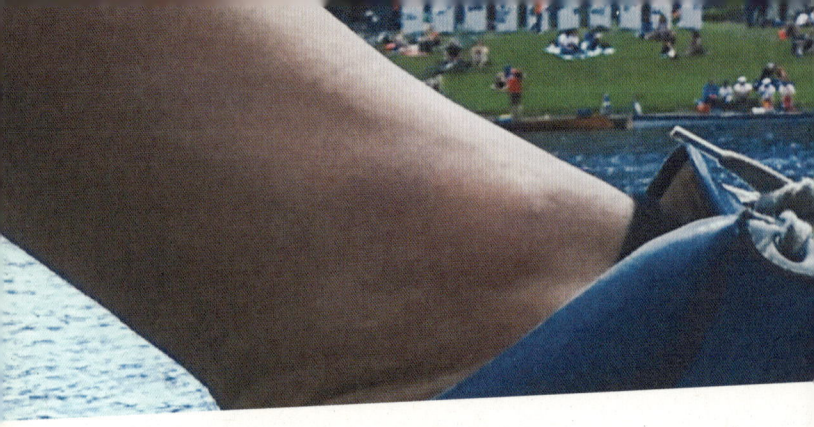

++++++++++++ AUSGEHEN ++++++++++++

BALLHAUS NAUNYNSTRASSE
Kristallisationspunkt der migrantischen und postmigrantischen Kulturszene. Theater und Performances. Schönes Ambiente im alten Ballsaal.
+++ NAUNYNSTR. 27 +++ U1/8 KOTTBUSSER TOR +++ BALLHAUSNAUNYNSTRASSE.DE +++ 030/75453725 +++

LIDO
Ein Abend in dem ehemaligen Kino im 50er-Jahre-Design ist fast immer eine sichere Nummer – egal, ob bei einem coolen Konzert oder einer spaßigen Balkan-Party. In den Saal passen ca. 600 Zuschauer.
+++ CUVRYSTR. 7 +++ U1 SCHLESISCHES TOR +++ LIDO-BERLIN.DE +++ 030/69566840 +++

++++++++++++ SHOPPEN ++++++++++++

□↑ ZEHA
Wir sind große Fans dieser edlen Sneakers mit Kultstatus – schon die Boheme der 20er-Jahre trug sie. Nach der Pleite 1993 wurde das Design 2002 in Berlin wiederbelebt.
+++ FRIESENSTR. 7 +++ U7 GNEISENAUSTRASSE +++ ZEHA-BERLIN.DE +++ MO-FR 11-19 UHR, SA 10-18 UHR +++

OTHER NATURE

Berlin ist einfach endgeil – da passt ein Shop, der ausschließlich veganes Sexspielzeug verkauft. Unter anderem gibt es Peitschen aus alten Fahrradschläuchen.

+++ MEHRINGDAMM 79 +++ U6/7 MEHRINGDAMM +++ OTHER-NATURE.DE +++ MO-SA 12-19 UHR +++

++++++++++ SCHLAFEN +++++++++++++

ORANIA.BERLIN

Ein Luxushotel am Oranienplatz, das von einem Schlossherrn aus Bayern betrieben wird. Für manche Kreuzberger geht das gar nicht, immer wieder wird das schicke Haus attackiert. Der rote Faden im denkmalgeschützten Gebäude: weiße Elefanten auf rotem Stoff. Ein Elefant im Porzellanladen? DZ ca. 280 Euro (Frühstück extra).

+++ ORANIENSTR. 40 +++ U1/8 KOTTBUSSER TOR +++ ORANIA.BERLIN +++ 030/69539680 +++

36 ROOMS

Hostel für Partypeople in allerbester Lage. Charmantes altes Stadthaus mit knarrenden Holzböden. Ganz unterschiedliche Zimmer, die nicht das Schuhschachtelformat vieler Allerweltshostels besitzen. Ein DZ mit privatem Bad auf dem Gang gibt es ab 61 Euro, kein Frühstück.

+++ SPREEWALDPLATZ 8 +++ U1 GÖRLITZER BAHNHOF +++ 36ROOMS.COM +++ 030/53086398 +++

5
NEUKÖLLN
+++ ERLEBEN +++

KREATIVKIEZ, Multikultihochburg und Biedermannhausen – Neukölln hat ganz unterschiedliche Gesichter. Der Norden rund um den Reuterkiez gehört zu den dynamischsten Ecken der Stadt, kein Tag ohne spannende Neueröffnungen. Etwa 160 Nationalitäten sind in Neukölln versammelt: junge Künstler und Studenten, Geflüchtete, längst Angekommene und arme Teufel jeder Art. Südlich des S-Bahn-Rings kennt Neukölln auch gutbürgerlichen Reihenhauslook mit Gartenzwergen hinter gestutzten Hecken.

KINO, KIFFER, AKROBATEN

RÄUDIG, ABER BUNT: EIN SPAZIERGANG DURCH DEN VOLKSPARK HASENHEIDE

SÜDSTERN U   U HERRMANNPLATZ

<--NEUKÖLL

+++ **STECKBRIEF** +++
WO? ZWISCHEN DEN STRASSEN HASENHEIDE UND COLUMBIADAMM +++ U7 SÜDSTERN, U8 HERMANNPLATZ ODER U8 BODDINSTRASSE +++ **WANN?** IMMER ZUGÄNGLICH +++ VOLKSPARK-HASENHEIDE.DE +++ **WIE LANGE?** SO LANGE MAN WILL +++ **WIE VIEL?** KOSTENLOS +++

144 KOSTENLOS, FAMILIENFREUNDLICH

DER VOLKSPARK HASENHEIDE ist unser Lieblingspark. Die 50 Hektar große grüne Lunge liegt am Rande Neuköllns, fast vor unserer Haustür. In der Hasenheide drehen wir unsere Joggingrunden. In der Hasenheide picknicken wir mit Freunden auf Wiesen unter alten Eichen. Oder wir gehen in die »Hasenschänke« – einen Imbiss, der seit seiner Eröffnung im Jahr 1952 jeglicher Veränderung und Verhipsterung trotzt. Der Betonkiosk mit nierenförmigem Flachdach erinnert ein wenig an eine Tankstelle. Dort holt man sich Knacker mit Schrippe, dazu ein Schultheiss zu Fast-Späti-Preisen. Für Nicht-Berliner: saugünstig! Davor sitzt Neukölln auf Holzbänken über staubigem Boden versammelt: Pegeltrinker, türkische Altherrenrunden beim Kartenspiel, junge Familien mit Kinderwagen, Gassigeher mit ihren Hunden beim Pausenbier.

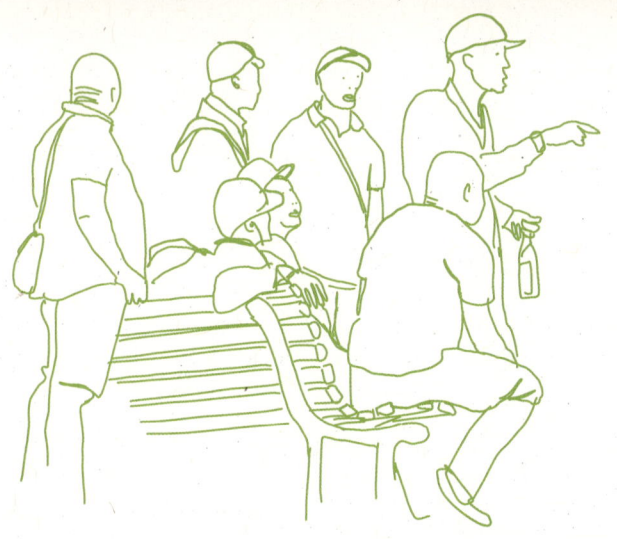

BESTER AUSGANGSPUNKT FÜR einen Spaziergang durch die Hasenheide ist der Eingang beim Minigolfplatz an der Nordseite. Dort erinnert das Denkmal für die Berliner Trümmerfrauen an deren Leistungen im zerstörten Nachkriegsberlin. Die fast 70 Meter hohe Rixdorfer Höhe im Westen des Parks, die so manchen Jogger schnaufen lässt, ist ein Trümmerberg. Unter dem bewaldeten Hügel schlummern rund 700.000 Kubikmeter Kriegsschutt.
Hält man sich beim Denkmal links, passiert man den etwas euphemistisch »Tierpark« genannten Streichelzoo mit Damwild, Eseln, Schafen und sich elegant spreizenden Pfauen. Nur die Angoraziege Lilly ist nicht mehr. Sie wurde in ihrem eigenen Gehege geschlachtet. »Aus Hunger«, wie die beiden Angeklagten später vor Gericht beteuerten. Etwas weiter entsteht einer der größten Hindutempel Europas. Der Gopuram, der Torturm am Eingang, ist schon fertig. Auf dem Weg dahin begegnet man dem einen oder anderen Kleindealer-Grüppchen. Keine Angst, die sind harmlos! Und stets auf der Hut. Wenn es pfeift, lassen sie alles stehen und liegen und springen hinter die Bäume. Kurz darauf fährt ein Polizeiauto vorüber. Biegt es um die Ecke, pfeift es wieder, und die Jungs stehen erneut Spalier.

ETWA IN DER MITTE DES PARKS spaziert man an einem Rosengarten und dem schönsten Freiluftkino der Stadt vorbei – Lichtspiel unterm Blätterdach. Tagsüber krakeelt es gegenüber auf dem Abenteuerspielplatz mit Piratenschiff und Holzpalmen. Weiter nördlich, nahe der Stelle, wo Turnvater Jahn 1811 den ersten Turnplatz Preußens eröffnete, geben heute Freizeitkicker aus aller Welt ihr Bestes. Im Süden toben sich die Skater aus. Und überall wird das getan, was die Berliner generell am liebsten tun: im Gras liegen und/oder selbiges rauchen, Bierchen trinken, quatschen. Mit Blick auf den Fernsehturm geht man hier Hobbys nach, für die die heimische Altbauwohnung weniger geeignet ist: Seiltanzen zum Beispiel, Trompete oder Posaune üben. Und im Westen, ein wenig versteckt, frönt man der Freikörperkultur. An manchen Samstag- und Sonntagvormittagen wummert es dort auch ein wenig. Die kunterbunten illegalen Raves werden mittlerweile allerdings schneller geräumt, als die letzte Pille zu wirken beginnt.

WENN MAN SCHON MAL HIER IST:

Man muss im Süden der Hasenheide nur den Columbiadamm überqueren und landet schon im nächsten Abenteuer. Denn südlich der Hasenheide erstreckt sich mit dem **Tempelhofer Feld** □→ eine der größten innerstädtischen Freiflächen der Welt. Was man dort erleben kann – drinnen wie draußen –, erfahren Sie ab S. 116.

»HEUTE BILLIG, MORGEN TEUER!«

AUF DEM TÜRKENMARKT AM MAYBACHUFER

+ + + S T E C K B R I E F + + +
WO? MAYBACHUFER ZWISCHEN KOTTBUSSER BRÜCKE UND FRIEDELSTRASSE +++ U1/8 KOTTBUSSER TOR +++ WANN? DIENSTAGS UND FREITAGS VON 11 BIS 18.30 UHR +++ TUERKENMARKT.DE +++ WIE LANGE? NACH 1 BIS 2 STUNDEN IST MAN DURCH +++ WIE VIEL? KOSTENLOS, SOLANGE MAN NICHTS KAUFT +++

»WASSERMELONEN SÜSS, Honigmelone sehr süß!« Die Händler schreien um die Wette. Immer machen sie das nicht, das ist ein bisschen wetterabhängig. Am besten gelaunt sind sie während der ersten warmen Frühlingstage. Im Sommer, wenn es so heiß wird, dass ihre riesigen Bunde Petersilie und Minze bereits am Vormittag die Köpfe hängen lassen, vergeht ihnen zuweilen das orientalische Marktgebrüll. Und am leisesten sind sie an eiskalten Wintertagen, wenn sich der Frost über ihre Gurken legt. Heute sind sie recht gut drauf. Rufen »Schale Himbeeren zwei Euro, mit Garantie!« und trinken dabei rotbraunen Tee aus kleinen tulpenförmigen Gläsern. Der Türkenmarkt am Maybachufer dient – Bioisierung hin, Touristisierung her – vornehmlich einer Sache: die Mäuler der anatolischen Großfamilien Neuköllns und Kreuzbergs zu stopfen.

BEREITS SEIT ENDE des 19. Jahrhunderts gibt es einen Wochenmarkt am Maybachufer. Mit dem Zuzug türkischer Gastarbeiter ab den 1960er-Jahren wurde dieser größer und immer orientalischer. Heute sind es bis zu 150 Händler, die zweimal wöchentlich ihre Stände aufbauen. Rund 200.000 Türkischstämmige leben übrigens in Berlin, knapp die Hälfte hat laut Statistik keinen deutschen Pass. Die Zuwanderung aus der Türkei nahm jüngst wieder an Fahrt auf. Und wenn der Sultan in Ankara weiter so wütet wie bisher, wird es wohl künftig noch ein wenig voller werden auf dem Maybachufer-Markt.

Hausfrauen mit gemusterten Kopftüchern stopfen sich tütenweise Auberginen in die Hackenporsches, dazu kiloweise Hamsi, die winzigen Schwarzmeersardinen. Dazwischen schauen sie sich bei den Stoffhändlern um oder gehen auf die Suche nach neuen Schlüpfern. Alles ganz billig natürlich. Es gibt aber noch so einiges mehr: mit Schafskäse gefüllte Blätterteigtaschen, Oliven aus hellblauen Bottichen, Weinblätter zum Selbstrollen, frisch gepressten Granatapfelsaft und – so rufen die Händler – »Ananas aus dem eigenen Garten«.

WER NICHT EINKAUFEN, sondern einfach nur essen will, kann das natürlich auch. Ein paar knollige Mamas bereiten beste Hausmannskost zu: gefüllte Paprikaschoten, grüne Bohnen mit Lamm, Zucchinipuffer. Köfte, die türkischen Hackfleischbällchen, werden frisch gebraten. Kosten Sie und schauen Sie!

Ein buntes Völkchen zieht vorüber, eines von der Sorte, das so manche alteingesessene Neuköllner auf dem Kieker haben. In Holzfällerhemden, mit Club-Mate in der Hand. Spanisch sprechend. Mit gezückten Kameras. Auf der Suche nach der nächsten Biostulle! Klar, auch die wird mittlerweile hier verkauft. Dazu japanische Fleischmesser, handgemachte Seifen und sündhaft teurer französischer Käse. Nebenan Neohippie-Straßenmusik. Ist halt so, ist auch Neukölln mittlerweile. Farbenfroh und facettenreich, wie es vielen gefällt. Lassen wir das Ganze doch besser den Händler in Worte fassen, der da trällert: »Wetter wunderschön, Menschen wunderschön, Aprikosen wunderschön!«

WENN MAN SCHON MAL HIER IST:

Ja, wenn Sie schon mal da sind, dann merken Sie sich doch gleich, wie Sie hingekommen sind! Vielleicht wollen Sie ja wieder hierher? Jeden Samstag findet an gleicher Stelle von 11 bis 17 Uhr ein schöner **Stoff- und Designmarkt** ▢→ statt (mv-perske.de/neukoellner-stoff). Und jeden zweiten Sonntag in den warmen Monaten gibt es am Maybachufer den **Nowkoelln Flowmarkt**, einen lässigen Flohmarkt (nowkoelln.de) – mehr Spaß als Kommerz.

DUNG-DONG-DING: DER FLUSS MACHT DIE MUSIK

GROSSE BRÜCKENFAHRT AUF SPREE UND LANDWEHRKANAL

KOTTBUSSER TOR U x
U SCHÖNLEINSTRASSE

<--NEUKÖLLN

+++ **STECKBRIEF** +++
WO? ANLEGESTELLE KOTTBUSSER BRÜCKE +++ U8 SCHÖNLEINSTRASSE ODER U1/3/8 KOTTBUSSER TOR +++ WANN? ABFAHRT VON MITTE APRIL BIS ANFANG OKTOBER UM 12 UND 16 UHR +++ REEDEREI-RIEDEL.DE +++ WIE LANGE? CA. 3,5 STUNDEN +++ WICHTIG! ES GIBT ZIG WEITERE ZUSTEIGEMÖGLICHKEITEN UND DIVERSE ANDERE ANBIETER (Z. B. REEDEREIWINKLER.DE ODER STERNUNDKREIS.DE) +++ WIE VIEL? TICKET 26 EURO, KINDER 13 EURO +++

MIT DEM BUG VORAUS legt die *Spree-Athen* an. Wir steigen zu. Zur großen Brückenfahrt. Zur Dung-Dong-Ding-Fahrt. 64 Brücken werden wir in den kommenden dreieinhalb Stunden auf unserem Rundkurs durch Berlin unterfahren. Und vor jeder Brücke erschallt ein »Dung-Dong-Ding«, ein Signal, wie man es aus dem Aufzug kennt, wenn sich die Türen öffnen. 23 Kilometer Wasserwege liegen vor uns, zu Anfang auf dem Landwehrkanal, dann etwa 12 Kilometer auf der Spree, bis es wieder zurück zum Maybachufer geht. Wir haben gerade erst abgelegt, da erschallt ein erstes »Dung-Dong-Ding« – der Befehl zum Hinsetzen. Vor uns die Kottbusser Brücke. Wer nun auf dem Oberdeck stehen bliebe, würde mit dem Kopf dagegenknallen. Manche Berliner Brücken sind so niedrig, dass die Schiffe gerade so hindurchpassen. Noch im Sitzen kann man mit erhobener Hand den Brückenstahl abklatschen.

KEINE DREI MINUTEN SPÄTER das nächste »Dung-Dong-Ding«. Die Admiralbrücke. Schmucke Fassaden säumen das Ufer. Das ist der Unterschied zwischen einer Schifffahrt und einer Bahnfahrt – bei Letzterer blickt man auf graue Hinterhöfe. Wir durchfahren den Urbanhafen, jagen Schwäne und Schlauchboote in die Flucht. Auf der Uferbefestigung, im Schatten von Trauerweiden, sitzen junge Leute und trinken Bier – es geht durch Kreuzberg.

Über Lautsprecher erfahren wir, dass Berlin flächenmäßig größer als New York oder Paris ist. Aber kaum einen an Bord interessiert das. Die arabische Großfamilie vor uns unterhält sich laut, die Kinder machen Selfies. Die Berliner neben uns essen Bockwurst mit Kartoffelsalat, die Preise sind fair. Wir passieren Mies van der Rohes Neue Nationalgalerie. Auf das Bundesministerium für Verteidigung am Reichpietschufer folgen Antilopen und Wildhunde bzw. der Berliner Zoo (siehe S. 99). Hinter der Dovebrücke verlassen wir den Landwehrkanal, unser Schiff biegt nach rechts in die Spree ab. Hätte es nach Backbord gedreht, könnten wir in zwei Tagen Hamburg erreichen. Dort wurde unser Schiff, die *Spree-Athen*, 1949 gebaut.

WIR WINKEN MOABIT ZU. Luxuslofts, die sich kaum ein Berliner leisten kann, entstehen am Ufer. Ab Höhe Schloss Bellevue reißt der Kommentar aus dem Lautsprecher kaum mehr ab. Nun nämlich jagt ein Highlight das nächste: Kanzleramt, Hauptbahnhof, Reichstag, Bahnhof Friedrichstraße, Museumsinsel, Dom und Berliner Schloss, das uns sein zeitgemäßes Hinterteil zeigt. Hinter der Michaelbrücke heißt es: Kopf nach links! Wir passieren den Holzmarkt, ein alternativ-kreatives Hüttendorf mit relaxten Plätzchen am Wasser und dem Technoclub Kater Blau – an Sommerwochenenden sieht man die Leute draußen tanzen. Gleich darauf durchkreuzen wir ehemaliges Grenzgebiet. Links, wo sich die bunt bemalte East Side Gallery (siehe S. 203) entlangzieht, lag der Osten. Hinter der Oberbaumbrücke, einem zweitürmigen Backsteintraum, fährt das Schiff wieder in den Landwehrkanal ein. Vor der Schlesischen Brücke gibt es ausnahmsweise kein »Dung-Dong-Ding«, sondern eine Durchsage: »Auf dem Oberdeck sitzen bleiben, sonst Beule. Aber macht nüscht. Eine Beule hat die Brücke schon.«

WENN MAN SCHON MAL HIER IST:

Die Rundfahrt kann man ganz gemütlich in der **Ankerklause** ⟶ ausklingen lassen, einer Kneipe, die sich direkt neben der Schiffsanlegestelle an der Kottbusser Brücke befindet (Kottbusser Damm 104, ankerklause.de, tägl. ab 10 Uhr). Publikum jeden Alters, Jukebox, kleine Gerichte. Im vorderen Bereich und auf den begehrten Balkonplätzen zum Landwehrkanal hin darf geraucht werden.

WENN MAN SCHON MAL IN NEUKÖLLN IST

+++ SEHEN +++

+++ ESSEN +++

+++ AUSGEHEN +++

+++ SHOPPEN +++

+++ SCHLAFEN +++

++++++++++++++ SEHEN ++++++++++++++

☐↑ KINDL – ZENTRUM FÜR ZEITGENÖSSISCHE KUNST

In dem kolossalen Backsteinbau der ehemaligen Kindl-Brauerei (der Braubetrieb wurde 2005 eingestellt) befindet sich heute ein spektakulärer Kunstraum. Verantwortlich zeichnet das Züricher Sammlerehepaar Burkhard Varnholt und Salome Grisard. Im coolen Industrialambiente werden auf mehr als 1.600 Quadratmetern Fläche bemerkenswerte wechselnde Ausstellungen von internationalem Rang präsentiert. Außerdem: Künstlergespräche, Vorträge und Konzerte. Im ehemaligen Sudhaus mit seinen sechs riesigen Kupferkesseln befindet sich ein atmosphärisches Café. In den warmen Monaten gibt's draußen einen chilligen Biergarten.

+++ AM SUDHAUS 2 +++ U7 RATHAUS NEUKÖLLN +++ KINDL-BERLIN.DE +++ MI 12-20 UHR, DO-SO 12-18 UHR +++ TICKET 5 EURO, ERM. 3 EURO +++

WESERSTRASSE
UND WEICHSELSTRASSE □→

Das Eck um die Weser- und Weichselstraße bildet das Herz »Kreuzköllns«, wie der nördliche, an Kreuzberg grenzende Teil Neuköllns bezeichnet wird. Das junge, wilde, internationale Berlin trifft sich hier in zugequalmten Altmöbelbars, aber auch die gehobene Gastronomie, witzige Läden und die ersten Galerien siedeln sich gerade an. Verkehrssprache ist in vielen Locations Englisch. Wir sind da gerne unterwegs. Und sind wir es mal ein paar Wochen nicht, entdecken wir immer etwas Neues. Bewegung ist hier die Konstante.

+++ U7/8 HERMANNPLATZ ODER U7 RATHAUS NEUKÖLLN +++

BRITZER GARTEN

Das Gegenprogramm zur Hasenheide – ohne Hundekacke und Radfahrer, dafür auch gebührenpflichtig. Der 90 Hektar große, überaus gepflegte Park ganz im Süden Neuköllns entstand für die Bundesgartenschau 1985. Es gibt Aussichtshügel, Biotope, je nach Jahreszeit unterschiedlich bepflanzte Blumenbeete, eine Seenlandschaft, Cafés und Wiesen mit Liegestühlen.

+++ SANGERHAUSER WEG 1 +++ VON U8 BZW. S 41/42/45/46/47 HERMANNSTRASSE MIT BUS M44 BIS HALTESTELLE BRITZER GARTEN +++ BRITZER GARTEN.DE +++ TÄGL. AB 9 UHR +++ EINTRITT JE NACH JAHRESZEIT 2 BIS 3 EURO +++

++++++++++++ ESSEN ++++++++++++

EINS44

Fine Dining auf zwei Ebenen in einer ehemaligen Destillerie. Unter Kappendecken isst man deutsch-französische Kompositionen wie »Schwein Zwiebelgewächse Kamille« oder »Stör Spargel Weizengras«. Vier-Gänge-Menü 89 Euro.

+++ ELBESTR. 28/29 +++ U7 RATHAUS NEUKÖLLN +++ EINS44.COM +++ 030/62981212 +++ DI-SA AB 18 UHR +++

AZZAM

Die einfachen arabischen Imbisslokale an der Sonnenallee sind bekannt für ihre authentische, preisgünstige Küche. Bei Azzam schmecken uns Hummus, Foul und Tabouleh am besten.

+++ SONNENALLEE 54 +++ U7/8 HERMANNPLATZ +++ 030/30131541 +++ TÄGL. 8.30-24 UHR +++

KNÖDELWIRTSCHAFT

Lautes, superbeliebtes Zweiraum-Restaurant, in dem es ausschließlich Knödel gibt. Mit Steinpilz, Löwenzahn, Speck oder Käse. Mit Parmesan bestreut und mit Salat serviert. Saugut! Faire Preise.

+++ FULDASTR. 33 +++ U7 RATHAUS NEUKÖLLN +++ KNOEDELWIRTSCHAFT.DE +++ 030/96600459 +++ MO-FR AB 17 UHR, SA/SO AB 12 UHR +++

CAFÉ TERZ

Ein Instagramertraum. Das ehemalige christliche Gemeindecafé neben der Kirche ist heute ein lichtdurchfluteter Treff mit vielen Pflanzen. Regional-saisonales Hipsterfood, entweder in Form von Stullen oder als Tellergerichte.

+++ HERRFURTHPLATZ 14 +++ U8 BODDINSTRASSE +++ TERZ.BERLIN +++ 030/23598092 +++ NUR FR-MO 9-16.30 UHR UND AB 18 UHR +++

++++++++++++ AUSGEHEN ++++++++++++

☐↑ KLUNKERKRANICH

Auf dem ehemaligen Parkdeck 6 der Neukölln Arcaden befindet sich ein liebevoll durchgestylter Dachgarten mit spektakulärer Rundumsicht. Auch Innenbereiche für den Winter gibt es.

+++ KARL-MARX-STR. 66 +++ U7 RATHAUS NEUKÖLLN +++ KLUNKERKRANICH.ORG +++ BEI GUTEM WETTER MO-MI AB 18 UHR, DO-SO AB 16 UHR, IM WINTER VERKÜRZT +++

VELVET

Eine der besten Cocktailbars der Stadt. Die Ingredienzien für die Drinks werden teils im eigenen Labor zentrifugiert!

+++ GANGHOFERSTR. 1 +++ U7 RATHAUS NEUKÖLLN +++ VELVET-BAR-BERLIN.DE +++ 0163/4605031 +++ TÄGL. AB 19 UHR +++

++++++++++++ SHOPPEN ++++++++++++

BLUTWURSTMANUFAKTUR

Traditionsmetzgerei (seit 1902) mit schickem Namen und preisgekrönter Blutwurst – aber auch andere Wurstwaren sind von Topqualität.

+++ KARL-MARX-PLATZ 9-11 +++ U7 KARL-MARX-STRASSE +++ BLUTWURSTMANUFAKTUR.DE +++ MO-FR 8-18 UHR, SA BIS 13 UHR +++

RITA IN PALMA

Integrative Arbeit trifft auf High Fashion. Migrantinnen häkeln hier kostbare, filigrane Spitzenkragen, Colliers und Armbänder. Ein Kragen kostet mehrere Hundert Euro.
+++ KIENITZER STR. 101 +++ U8 LEINESTRASSE +++ RITA-IN-PALMA.COM +++ MO/DI 9–15.30 UHR, MI-FR 9–19 UHR +++

++++++++++ SCHLAFEN +++++++++++++

ESTREL BERLIN

Das größte Hotel Deutschlands, eine kleine Welt für sich. Bislang 1.125 Zimmer – in den nächsten Jahren soll ein Hotelturm mit weiteren 800 Zimmern angebaut werden! Vier-Sterne-Niveau mit viel Pipapo, aber alles andere als innovativ. Vier Restaurants, drei Bars, Festival- und Kongresscenter, Spa und eigener Bootsanleger. DZ ca. 189 Euro (Frühstück extra).
+++ SONNENALLEE 225 +++ S41/42 SONNENALLEE +++ ESTREL.COM +++ 030/68310 +++

HÜTTENPALAST

Witzig! Eine Art Indoor-Campingplatz in zwei ehemaligen Fabrikhallen. Man übernachtet in charmant restaurierten Wohnwagen und Holzhütten. Klo und Bad werden geteilt. Café-Restaurant mit Hinterhofterrasse. Für 2 Pers. ab 70 Euro inklusive Kaffee und Croissant.
+++ HOBRECHTSTR. 65/66 +++ U7/8 HERMANNPLATZ +++ HUETTENPALAST.DE +++ 030/37305806 +++

6
PRENZLAUER BERG
+++ ERLEBEN +++

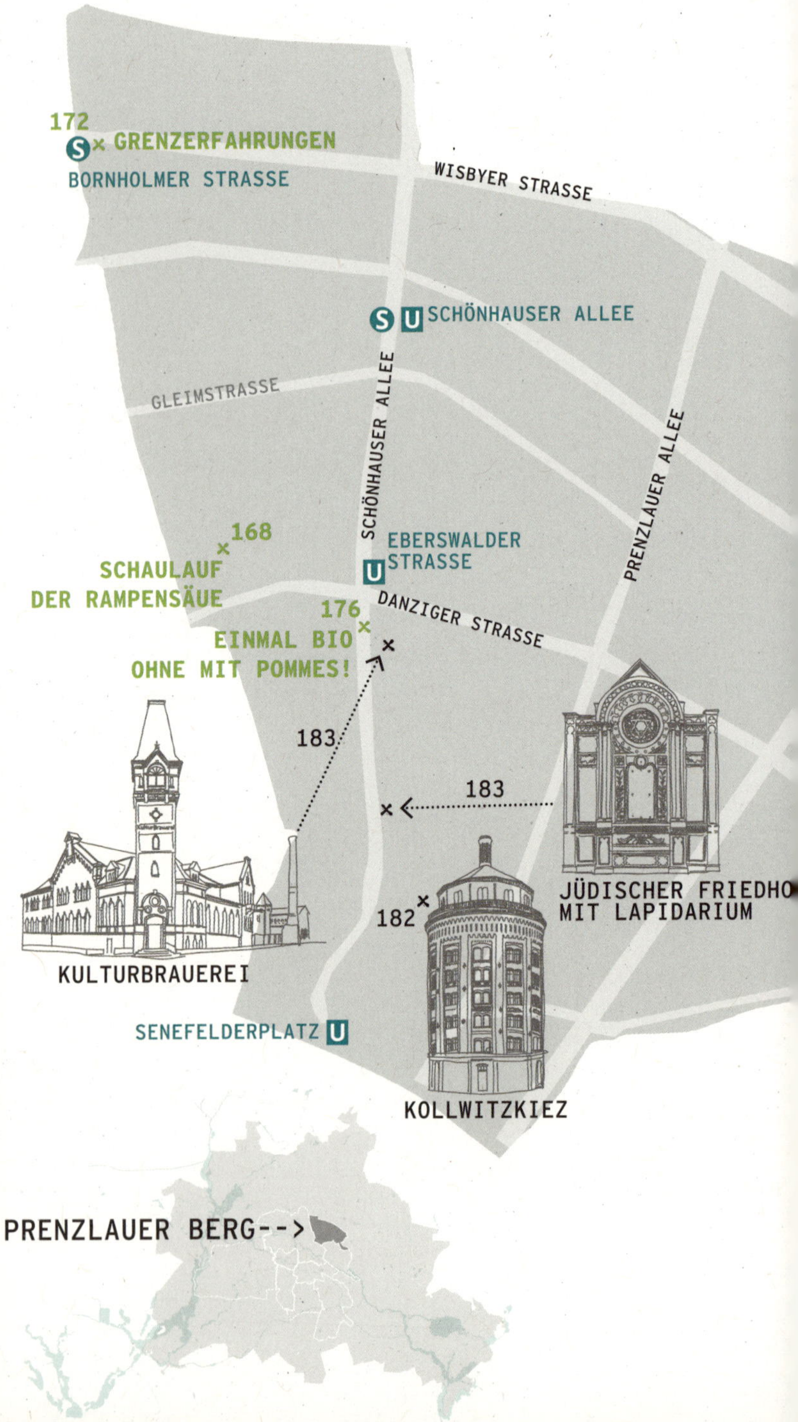

172 × **GRENZERFAHRUNGEN**
BORNHOLMER STRASSE

WISBYER STRASSE

S U SCHÖNHAUSER ALLEE

GLEIMSTRASSE

SCHÖNHAUSER ALLEE

PRENZLAUER ALLEE

EBERSWALDER STRASSE

168 ×
SCHAULAUF DER RAMPENSÄUE

DANZIGER STRASSE

176 ×
EINMAL BIO OHNE MIT POMMES!

183

× 183

JÜDISCHER FRIEDHOF MIT LAPIDARIUM

KULTURBRAUEREI

182 ×

SENEFELDERPLATZ U

KOLLWITZKIEZ

PRENZLAUER BERG -->

PRENZLAUER BERG IST eines der schönsten Gründerzeitviertel der Stadt. Mit sauberen Gehwegen, viel Bio und charmanten Läden. Mit schlauen Eltern und schlauen Kindern. Zu aufgeräumt für viele Berliner, zu schwäbisch. Wo der Gentrifizierungshammer zugeschlagen hat wie nirgendwo sonst in der Stadt, bleiben Shitstorms nicht aus. Touristen gefällt es insbesondere rund um den Kollwitzplatz, den Helmholtzplatz und auf der Kastanienallee.

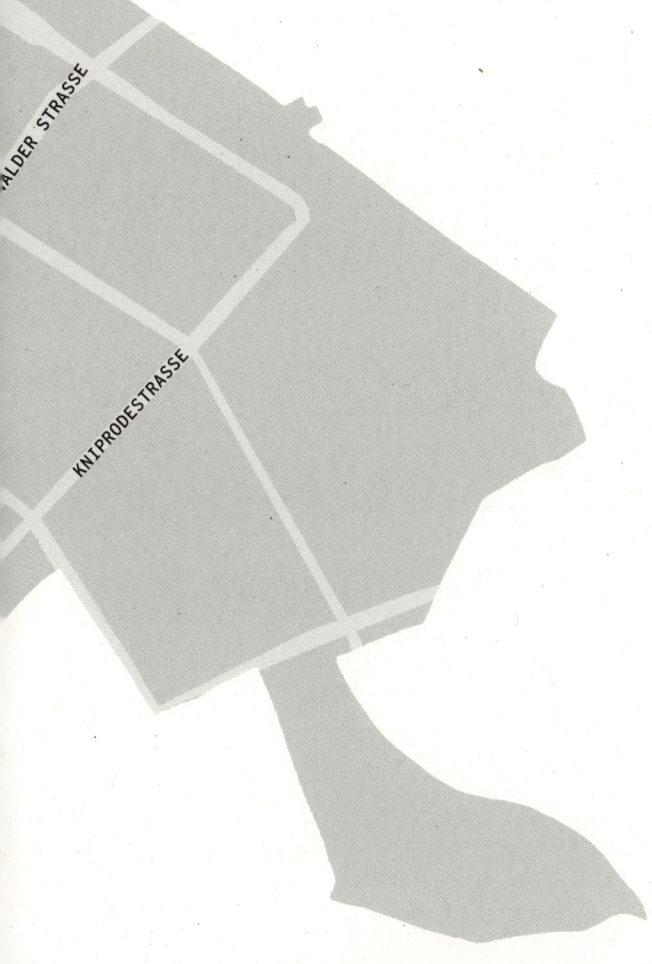

SCHAULAUF DER RAMPENSÄUE

SONNTAGSKARAOKE IM MAUERPARK

PRENZLAUER BERG--> × EBERSWALDER U STRASSE

+ + + S T E C K B R I E F + + +
WO? MAUERPARK +++ U2 EBERSWALDER STRASSE +++ WANN? VON CA. APRIL BIS CA. OKTOBER SONNTAGS AB ETWA 15 UHR. TERMINE AUF FACEBOOK.COM/BEARPITKARAOKE PRÜFEN! +++ WIE LANGE? MIND. 2 STUNDEN +++ WIE VIEL? KOSTENLOS, ABER SPENDE ERWÜNSCHT +++

KOSTENLOS, FAMILIENFREUNDLICH

DA KOMMT DER KARAOKEMASTER endlich! Joe Hatchiban reist an, auf seinem orangefarbenen Lastenfahrrad mit eingebauter Soundanlage und Regenbogen-Sonnenschirm. Die Menge jubelt. In den letzten 45 Minuten hat sich das bunt bepinselte Amphitheater mehr und mehr gefüllt. Kapitale Joints drehen die Runden, eine fliegende Händlerin verkauft »kalt Bira« aus ihrer Kühltasche. Die Augustsonne lacht vom Himmel. Viele Stammgäste scheinen da zu sein, aber auch viele Touristen. Die Open-Air-Karaoke-Shows des Iren Joe sind kein Geheimtipp mehr. Was 2009 als kleine Spaßaktion im Mauerpark begann, lockt heute, nach zweijähriger Corona-Pause, wieder an die 1.000 Zuschauer an. Der Karaoke-Spaß ist Teil der »Umsonst-&-Draußen«-Atmosphäre, die man jeden Sonnensonntag im Park erleben kann – mehr ausgetrocknete, scherbenübersäte Wiese als Park übrigens.

DAS ERSTE LIED gehört dem Karaokemaster selbst, der im wirklichen Leben übrigens Gareth Lennon heißt und Anfang der Nullerjahre nach Berlin kam. Dann ist Jürgen dran. Der Jürgen ist um die 60, trägt Jeans, graue Halbglatze und ein weißes Muskelshirt. Er trällert *Griechischer Wein*, und alles klatscht, schunkelt und singt mit. Es folgt Heidi, eine füllige Lockendame. Sie ist extra aus »einem Dorf zwischen Hamburg und Bremen« angefahren, um ihr Berliner Publikum mit einem Lied zu beglücken, das heiteres kollektives Fremdschämen auslöst. Ausgebuht aber wird hier niemand. Never ever.

So kocht der Kessel Buntes weiter. Leandro, ein digitaler Nomade aus Brasilien, hat *Highway to Hell* von *AC/DC* ausgewählt. Eine gewagte Interpretation, eher katzenjammerig denn rock-'n'-rollig. Helmut aus Berlin ist da eine Klasse weiter. »Hallo, hier ist euer Helmut«, ruft er und setzt an: »Und der Haifisch, der hat Zähne …«

Joe Hatchiban führt kurze Interviews zwischen den einzelnen Auftritten, witzelt und sportt an – ein Entertainer vom Feinsten. Wir lachen Tränen, grölen mit und applaudieren. Big fun ist das!

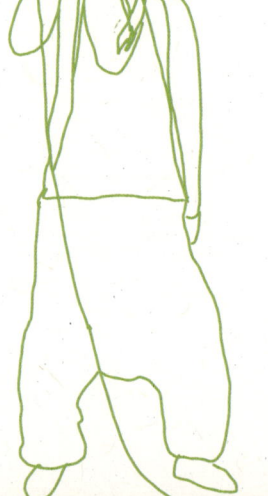

NICHT NUR KARAOKE im klassischen Sinn wird geboten, manche Schrägheiten kommen auch ohne Instrumental-Playback aus. *Strawberry Man* zum Beispiel. Ein Straßenmusikant mit Undercut und Flechtzopf. Zuweilen verkleidet er sich als Erdbeere (!), daher der Künstlername. Heute leider nicht. *Strawberry Man* bringt sein selbst gebasteltes Musikinstrument mit. Es ist ein Mittelding aus Saxofon und Didgeridoo, das er – genau – Saxo-Didge nennt. Klingt wie Schiffshorn-Techno, gäbe es denn Schiffshorn-Techno.

Während Clarissa aus Kalifornien, Au-pair und Tänzerin, in Birkenstocks die Bühne rockt, kommt die klimpernde Kaffeebüchse bei uns an. Der Karaoke-Klingelbeutel! Ihn ignoriert keiner, der weiß, was hinter der Show außer Herzblut sonst noch steckt. Mehrere Tausend Euro zahlt Joe Hatchiban pro Jahr an sogenannten »Genehmigungskosten«. Was so lässig-spontan-berlinesk daherkommt, ist mit bürokratischen Hürden gekoppelt. Das sollte einem ein paar Münzen wert sein. Wir bleiben bis zum letzten Lied. Auch dieses gehört stets dem Karaokemaster.

WENN MAN SCHON MAL HIER IST:

Im Mauerpark findet sonntags von 10–18 Uhr auch ein riesiger **Flohmarkt** ▫→ statt (flohmarktimmauerpark.de) – spazieren Sie vor oder nach dem Karaoke mal hindurch. Wohnmüll, Schrilles, Platten, viele professionelle Anbieter. Dazu koreanisches Streetfood und Craft Beer. Viele Touristen, aber auch nach wie vor viele Berliner. Bis zu 40.000 Menschen sind hier an guten Tagen unterwegs.

GRENZERFAHRUNGEN

MAUERWEG-RADTOUR VON DER BÖSEBRÜCKE ZUR OBERBAUMBRÜCKE

+++ **S T E C K B R I E F** +++
WO? BEGINN AN DER BÖSEBRÜCKE IN PRENZLAUER BERG (S1/2/8/25/26/85 BORNHOLMER STRASSE), ENDE AN DER OBERBAUMBRÜCKE IN FRIEDRICHSHAIN (S3/5/7/9/75 ODER U1/3 WARSCHAUER STRASSE, KARTENMATERIAL ZUM DOWNLOAD AUF BERLIN.DE)
+++ **WANN?** IMMER +++ **WIE LANGE?** CA. 2,5 STUNDEN OHNE LÄNGERE PAUSEN UND BESICHTIGUNGEN
+++ **WIE VIEL?** KOSTENLOS +++

KOSTENLOS, FAMILIENFREUNDLICH

WIR BEGINNEN DA, wo alles endete. Am ehemaligen Grenzübergang Bornholmer Straße. Auf das Codewort »Wir fluten jetzt« traten hier am 9. November 1989 gegen 23.30 Uhr die DDR-Grenzsoldaten zur Seite und ließen die Ost-Berliner ungehindert in den Westen. Wo das Ende der DDR eingeläutet wurde, befindet sich heute der Platz des 9. November, eine kleine Gedenkstätte an der Bösebrücke. Dort sind noch 155 Meter der alten hinteren Sperrmauer erhalten – stumme Zeugen der einst geteilten Stadt. Der Übergang Bornholmer Straße war einer von insgesamt sieben innerstädtischen Grenzübergängen. Hier führt der 160 Kilometer lange Berliner Mauerweg vorbei, ein Wander- und Radweg, der in vielen Abschnitten dem Kolonnenweg der DDR-Grenztruppen folgt. Rund 17 Kilometer davon haben wir uns für heute vorgenommen. Wir wollen bis zur Oberbaumbrücke radeln.

MAL RADELN WIR IM ALTEN OSTEN, mal im alten Westen. Unser erstes Ziel ist der Gleimtunnel. Bis 1989 war er unpassierbar, den östlichen Ausgang blockierte die Mauer. Heute trennt die von gusseisernen Säulen getragene Unterführung keine verfeindeten Staaten mehr, sondern verbindet Prenzlauer Berg mit dem Wedding. Dann geht es weiter durch den Mauerpark (siehe S. 168) – Achtung, viele Scherben! Es folgt die weitläufige Gedenkstätte Berliner Mauer, die man gesehen haben sollte (siehe S. 175).

Rund 15 Minuten später erreichen wir den Invalidenfriedhof am Spandauer Schifffahrtskanal. Mitte des 18. Jahrhunderts wurde er für hohe preußische Militärs angelegt. Nach dem Mauerbau verlief hier der Todesstreifen. Nur 200 von den einst 3.000 Gräbern sind daher erhalten – Pietät war kein Genossending. Nahebei versuchte der 24-jährige DDR-Bürger Günter Litfin am 24. August 1961 durch den Humboldthafen in den Westen zu schwimmen. Mit dem rettenden Ufer vor Augen wurde er als erster Grenzflüchtling erschossen.

Wir gelangen ins Regierungsviertel. Viel Glas wurde hier verbaut. Transparenz wollte man damit schaffen, den Blick freigeben auf schlecht sitzende Anzüge. Auf unserer weiteren Route jagt Superlativ nun Superlativ.

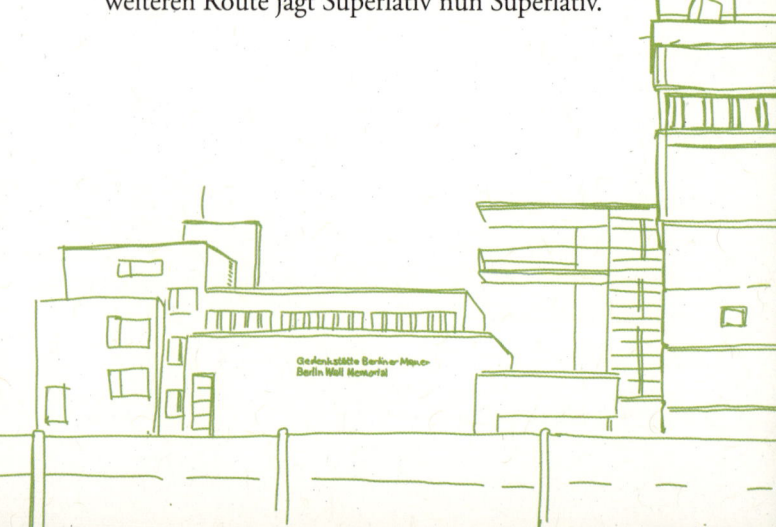

NACH DEM REICHSTAG und dem Brandenburger Tor passieren wir den Potsdamer Platz (siehe S. 74). Die Mauer verlief direkt darüber, ein paar Mauerelemente aus jener Zeit sind erhalten. Wenig später stehen wir am Checkpoint Charlie (siehe S. 135). Ein Nachbau des Wachhauses an der Kommerz-Schmerz-Grenze erinnert noch daran.

Unscheinbar hingegen die Sebastianstraße. Heute. Früher riss der »antifaschistische Schutzwall« die Wohnstraße in zwei Hälften, trennte Nachbarn und wurde zigfach untertunnelt. Wir radeln weiter Richtung Oberbaumbrücke, unser Ziel. Winken dem »Baumhaus an der Mauer« zu. 1983 errichtete es ein türkischer Migrant im »Niemandsland« auf einer ehemaligen Verkehrsinsel. Diese gehörte der DDR, befand sich aber auf West-Berliner Boden, weshalb sich niemand dafür zuständig fühlte. Die zweigeschossige Hütte soll, so Allah will, künftig als Museum dienen. Eine von vielen Geschichten, die die Mauer schrieb. Eine Mauer, die heute länger weg ist, als sie jemals existierte.

WENN MAN SCHON MAL HIER IST:

Der **Gedenkstätte Berliner Mauer** ☐→, an der man vorbeiradelt, sollte man unbedingt ein wenig Zeit gönnen (Bernauer Str. 111/119, stiftung-berliner-mauer.de, tägl. außer Mo 10–18 Uhr, Eintritt frei). Kaum irgendwo anders ist die Teilungsnarbe noch so sichtbar. Das Dokumentationszentrum samt Aussichtsturm ist genauso ergreifend wie die Open-Air-Stationen auf dem ehemaligen Grenzstreifen.

EINMAL BIO OHNE MIT POMMES!

CURRYWURST-TOUR DURCH DIE STADT

EBERSWALDER STRASSE

<--PRENZLAUER BERG

+ + + S T E C K B R I E F + + +

WO? KONNOPKE'S IMBIß, SCHÖNHAUSER ALLEE 44B, KONNOPKE-IMBISS.DE, U2 EBERSWALDER STRASSE, MO-FR 11-18 UHR, SA 12-19 UHR, SO RUHETAG +++ BIER'S KUDAMM 195, KURFÜRSTENDAMM 195, BIERS-CURRYWURST.DE, U1 UHLANDSTRASSE, TÄGLICH 11-5 UHR +++ CURRY36, MEHRINGDAMM 36, CURRY36.DE, U6/7 MEHRINGDAMM, TÄGLICH 9-5 UHR +++ WANN? WENN GEÖFFNET +++ WIE VIEL? AB 2,20 EURO PRO WURST +++

OBEN RATTERT DIE U2 RICHTUNG ALEX.

Darunter, unter dem Viadukt der Hochbahngleise, hat sich schon eine lange Schlange gebildet. Es ist Samstag, kurz vor 12 Uhr. Gleich gibt's Currywurst bei Konnopke's. Dem Imbiss mit dem Deppenapostroph. Auch wir reihen uns ein in die Schlange vor dem golden eloxierten Retrokiosk. Konnopke ist Kult. Seit 1930 werden hier Würste verkauft, Currywürste aus der Fettwanne seit 1960. Konnopke servierte die ersten Currywürste der DDR. Mit einer Würztunke, bei der man tricksen musste, denn Ketchup war rar. Heute bildet bestes Ketchup aus Werder die Grundlage. »Einmal normal, einmal vegan bitte!«, bestellen wir. »Ohne« braucht man hier nicht zu sagen. Man hat keine Wahl, es gibt die Wurst nur ohne Darm. Was jetzt nicht so appetitlich klingt, schmeckt hervorragend. Vegan? Muss man mögen, als Veganer sowieso.

ZEIT- UND ORTSWECHSEL. Mittlerweile sind wir im tiefen Westen, in Charlottenburg. Bei Bier's Kudamm 195, dem wohl dekadentesten Currywurstimbiss der Stadt. Die Wurst (hier mit und ohne Darm) kostet fast vier Euro, bei Konnopke war's nur etwas mehr als die Hälfte. Dafür bekommt man sie hier auf dem Porzellantellerchen. Und wenn anderswo der Wurstdurst mit den altbekannten Berliner Plörren Schultheiss oder Kindl gelöscht wird, darf es bei Bier's auch mal ein Fläschchen Schampus sein. Ab 95 Euro die Pulle. Es soll sogar Leute geben, die sich eine Flasche Dom Pérignon für 590 Euro zur Wurst bestellen. Peanuts für die Stars und Sternchen, die bei Bier's Kudamm 195 vorbeischauen. Die Bildergalerie an der Wand zeigt Costa Cordalis, Gerhard Schröder, Siegfried und Roy, Jonathan Meese. Wer fehlt, ist Herta Heuwer, die Berliner Queen of Currywurst. Am 4. September 1949 kreierte sie keine zwei Kilometer von hier entfernt die erste Currywurst überhaupt (so zumindest die Berliner Stadtlegende). An der Ecke Kantstraße/Kaiser-Friedrich-Straße erinnert heute eine Gedenktafel daran. Herta Heuwers Original hatte übrigens auch keinen Darm. Naturdarm war in der Nachkriegszeit Mangelware.

»EINMAL BIO ohne und einmal normal mit«, lassen wir uns bei Curry 36 über die Theke reichen. In Pappschälchen mit gewelltem Rand. Den 1981 gegründeten Wurstkiosk gibt es mittlerweile viermal in der Stadt. Kein Wunder, die Nachfrage nach Currywürsten ist groß, 1.500 Currywürste werden in Deutschland pro Minute gegessen. Das Stammhaus am ewig hibbeligen Kreuzberger Mehringdamm mit der Hausnummer 36 haben wir am liebsten. 20 Stunden am Tag stehen dort Szenegänger, Touristen, Handwerker und Kiezbewohner eng an eng an den hohen Metalltischen. Pieksen selig ihre Pommesgabeln in die Wursträdchen und ziehen sie dann durch die sämige Soße. So machen's auch wir. Mit Genuss. Und stellen fest: Our twelve points go to Curry 36! Die hiesige Biocurrywurst gewinnt den Preis für die beste Currywurst an diesem Tag. Fürs Siegerfoto zücken wir unser Handy und stellen scharf. »Das ist doch nur 'ne Wurst!«, sagt der Nachbar. Richtig. Aber eine Extrawurst.

WENN MAN SCHON MAL HIER IST:

Ein netter Verdauungsspaziergang könnte vom Curry 36 zum namengebenden **Kreuzberg** führen, der mit 66 Metern höchsten natürlichen Erhebung Berlins. Der **Kreuzberg** befindet sich im **Viktoriapark** □→, einer schönen Grünfläche mit abschüssigen Wiesen, einem kaskadenartigen Bachlauf und einem neogotischen Denkmal von Karl Friedrich Schinkel obenauf. Das Kreuz auf der Spitze der Fiale gab dem Berg seinen Namen. Zugänge unter anderem von der Kreuzbergstraße.

WENN MAN SCHON MAL IM PRENZLAUER BERG IST

+++ SEHEN +++

+++ ESSEN +++

+++ AUSGEHEN +++

+++ SHOPPEN +++

+++ SCHLAFEN +++

++++++++++++++ SEHEN ++++++++++++++

KOLLWITZKIEZ

Der grüne, dreieckige Kollwitzplatz ist das Zentrum des gleichnamigen Kiezes. Dass sich der Platz heute so charmant präsentiert, ist der Wende zu verdanken. Sie kam zu schnell für die DDR-Städteplaner, die hier die maroden Altbauten durch Platte ersetzen wollten. Benannt ist der Platz nach der Künstlerin und einstigen Anwohnerin Käthe Kollwitz (1867–1945). Eine Bronzeplastik von Gustav Seitz erinnert an sie. Am Kollwitzplatz wohnte Marianne Birthler, Wolfgang Thierse wohnt hier noch immer – Leute also, deren Namen auch einmal Plätze schmücken könnten. Der Treff schlechthin ist der samstägliche Wochenmarkt. Auch sonst lädt der Kiez zum Schlendern nur so ein, gemütliche Cafés und spannende Restaurants gibt es zuhauf.

+++ U2 SENEFELDERPLATZ ODER EBERSWALDER STRASSE +++

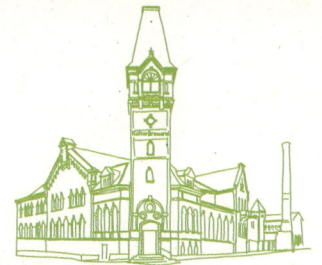

←☐ KULTURBRAUEREI

Das zum Ende des 19. Jahrhunderts entstandene denkmalgeschützte, monumentale Backsteinensemble der einstigen Schultheiss-Brauerei nimmt ein ganzes Straßengeviert ein. Mit der Bierproduktion war hier schon 1967 Schluss. Heute saniert, dient das schöne Areal der Kunst, der Kultur und dem Gewerbe – mehrere Clubs, Restaurants und Kinos sorgen für stetigen Zulauf. Sonntags findet hier von 12–18 Uhr ein Street-Food-Markt statt. Zudem führt das Museum in der Kulturbrauerei in den »Alltag in der DDR« ein.

+++ KNAACKSTR. 97 +++ U2 EBERSWALDER STRASSE +++ HDG.DE/MUSEUM-IN-DER-KULTURBRAUEREI +++ MUSEUM TÄGL. (AUSSER MO) 10-18 UHR +++ EINTRITT FREI! +++

JÜDISCHER FRIEDHOF MIT LAPIDARIUM

Der 1829 eröffnete Friedhof mit rund 23.000 Gräbern ist heute ein entrückt-melancholischer Ort – viele Grabsteine sind umgefallen oder efeuüberrankt. Die prominentesten Gräber sind die des Malers Max Liebermann (gest. 1935) und des Verlegers Leopold Ullstein (gest. 1899). Im angeschlossenen Lapidarium werden Grabsteine aufbewahrt, deren ursprünglicher Standort nicht mehr rekonstruierbar ist.

+++ SCHÖNHAUSER ALLEE +++ U2 SENEFELDERPLATZ +++ JG-BERLIN.ORG +++ MO-DO 8-16 UHR, FR 7.30-13 UHR +++

++++++++++++++ ESSEN ++++++++++++++

LUCKY LEEK

Vegane Küche auf Gourmetniveau in gepflegt-legerem Ambiente. Auch ein Erlebnis für Fleischesser! Fünf-Gänge-Menü für 69 Euro. Gute Weine.

+++ KOLLWITZSTR. 54 +++ U2 SENEFELDERPLATZ +++ LUCKY-LEEK.COM +++ 030/66408710 +++ MI-SO AB 18 UHR +++

METZER ECK

Wie schön, dass es ein solches Kneipen-Urgestein im Bobo-Stadtteil noch gibt. Familienbetrieb seit 1913, mittlerweile in der vierten Generation. Uriges, holzvertäfeltes Interieur. Solide und günstige Hausmannskost wie Bulette, Matjes, Kartoffelpuffer oder Schnitzel.

+++ METZER STR. 33 +++ U2 SENEFELDERPLATZ +++ METZER-ECK.DE +++ 030/4427656 +++ MO-FR 16-24 UHR, SA AB 18 UHR +++

BABEL

Libanesisches Schnellrestaurant von ungebrochener Popularität. Schawarma, Falafel & Co., entweder als Sandwich oder in verschiedenen Kombinationen auf dem Teller.

+++ KASTANIENALLEE 33 +++ U2 SENEFELDERPLATZ +++ BABEL-RESTAURANT.COM +++ 030/44031318 +++ TÄGL. 11-24 UHR +++

FIRSTCRACK ROASTERS & CAFÉ PAKOLAT

Ein charmant-nostalgisches, gemütliches Café mit angeschlossener Kaffeerösterei. Emaille-Schilder an den Wänden, viel Krimskrams, selbst auf dem Klo. Leckeres Frühstück, dazu hervorragende Kuchen aus der eigenen Patisserie.

+++ RAUMERSTR. 40 +++ U2 EBERSWALDER STRASSE +++ KAFFEE-PAKOLAT.DE +++ 030/44793883 +++ TÄGL. 11-18 UHR +++

++++++++++++ AUSGEHEN ++++++++++++

DUNCKER
Club-Klassiker in einem ehemaligen Pferdestall. Hier tanzte man schon zu DDR-Zeiten. Viel Gothic, New Wave und Alternative.
+++ DUNCKERSTR. 64 +++ S8/41/42/85 ODER U2 SCHÖNHAUSER ALLEE +++ DUNCKERCLUB.DE +++ 030/4459509 +++

BECKETTS KOPF
Cocktailbar im Stil einer Absinthbar aus den 20ern. Rote Ledersessel, fantastische Drinks in alten Gläsern, gut ausgewählte Musik. Einlass nur, wenn Sitzplätze frei sind.
+++ PAPPELALLEE 64 +++ S8/41/42/85 ODER U2 SCHÖNHAUSER ALLEE +++ BECKETTS-KOPF.DE +++ 030/44035880 +++ MI-SA AB 19 UHR +++

++++++++++++ SHOPPEN ++++++++++++

MÄRKTE AM KOLLWITZPLATZ
Der bunte Samstagsmarkt am Kollwitzplatz (10.30–16.30 Uhr) hat Kultstatus und ist der Treffpunkt im Viertel. Donnerstags findet von 12–18 Uhr zudem ein reiner Ökomarkt statt.
+++ KOLLWITZPLATZ +++ U2 SENEFELDERPLATZ +++

THATCHERS

Keine steifen Kostüme für eiserne Ladys, sondern körperbetonte Mode mit wunderschönen Details für die elegante Dame. Hinter dem Label stecken Ralf Hensellek und Thomas Mrozek.

+++ KASTANIENALLEE 21 +++ U2 EBERSWALDER STRASSE +++ THATCHERS.DE +++ MO-SA 11-19 UHR +++

++++++++++ SCHLAFEN +++++++++++++

☐↑ HOTEL ODERBERGER

Hotel in einer Volksbadeanstalt von 1902, das 2016 nach fünfjähriger Restaurierung eröffnete. Toll, der Mix aus modernem Design und alten Kacheln bzw. Türen. 70 komfortable Zimmer. Restaurant auf drei Ebenen im ehemaligen Heizkraftwerk des Bades. Das Muss für jeden Gast: ein Bad im historischen Pool. DZ ab 179 Euro.

+++ ODERBERGER STR. 56/57 +++ U2 EBERSWALDER STRASSE +++ HOTEL-ODERBERGER.DE +++ 030/780089760 +++

PFEFFERBETT HOSTEL

Schönes Hostel in der spannenden Architektur der über 150 Jahre alten ehemaligen Brauerei Pfefferberg, Lobby mit 6 Meter hohen Kappendecken. Ruhige Lage, Garten, Bar, eigene Craft-Beer-Brauerei, Radverleih. Nette Zimmer (DZ mit Bad ca. 94 Euro) und Schlafsäle (ab 26,50 Euro/Pers.).

+++ SCHÖNHAUSER ALLEE 176 +++ U2 SENEFELDERPLATZ +++ PFEFFERBETT.DE +++ 030/93935858 +++

7 FRIEDRICHSHAIN
+++ ERLEBEN +++

JUNG UND PARTYFREUDIG, viele Hunde, viele, viele bunte Tattoos. Friedrichshain ist insbesondere rund um das RAW-Gelände das stadtteilgewordene Klischee der Szenemetropole Berlin. Klar, dass das internationale »Party-Proletariat«, wie manch einer schimpft, hier stark vertreten ist. Wer aber die wie geklont wirkenden Cocktailbars an der nimmermüden Simon-Dach-Straße meidet, taucht schnell ein in die Kuhwärme eines ein wenig ungewaschenen, aber doch atmosphärischen Kiezes.

TRAINSPOTTING UNTERM PLÜSCHHIMMEL

EIN SONNENUNTERGANG AUF DER MODERSOHNBRÜCKE

<--FRIEDRICHSHAI[N]

Ⓢ OSTKREUZ

+ + + S T E C K B R I E F + + +
WO? MODERSOHNBRÜCKE +++ S3/5/7/9/41/42/45/46/75 OSTKREUZ +++ WANN? JEDEN TAG BEI KLAREM WETTER +++ WIE LANGE? MINDESTENS EIN BIER LANG +++ WIE VIEL? KOSTENLOS +++

ALSO KUSCHELIG ist hier nichts, Berlin ist niedlich eben nicht zu haben. Vor uns Gleise, hinter uns Gleise und hoch darüber wir auf der Leitplanke. Die Modersohnbrücke zwischen Ostkreuz und S-Bahnhof Warschauer Straße, überspannt von einem Stahlbogen, ist ein noch junges Ding. Von 2000 bis 2002 anstelle ihres maroden Vorgängerbaus errichtet. Allabendlich, wenn's Wetter passt, trifft man sich hier zum Sundowner mit viel Industrieromantik. Wir haben uns fränkisches Kellerbier vom Späti ums Eck geholt. Der Spätkauf, der bis in die Puppen geöffnete Alles-was-man-nachts-braucht-Kiosk, ist einfach eine geniale Erfindung. Eingeführt hat man ihn in Ost-Berlin, damit die Fabrikarbeiter nach Schichtende noch zu ihrem Feierabendbier kamen. Bis heute sind die meisten Spätis im Osten der Stadt vietnamesisch geführt, die im Westen türkisch.

MEHR UND MEHR Sunsetter treffen ein: verliebte Pärchen, Touristen mit Selfiesticks, Lonesome Riders. Und die ersten Flaschensammler, in diesem Fall ein radelndes Punkpärchen. Im immer weicher werdenden Licht genießen wir das unverbaubare Fern-seh-Programm. Und blicken auf Gleise, über die sich Züge schlängeln, deren Dächer im Sonnenlicht glänzen. *Tatamtatamtatam* ist der Soundtrack dieses Abends. Straßenmusiker haben heute keine Lust auf Brückentag. Wenn die S-Bahnen und Regionalzüge aus Nauen und Wittenberge ein- und ausfahren, vibriert es ein wenig. Bei Fernzügen verhält sich die Brücke ruhig.
Der Horizont ist gespickt mit Kränen. Berlin ist »dazu verdammt, immerfort zu werden und niemals zu sein«, notierte der Kunstkritiker Karl Scheffler bereits 1910. Daran hat sich bis heute nichts geändert. Links von uns streckt sich der Glaskubus des BASF-Lichtturms dem zunehmend kitschiger werdenden Himmel über Berlin entgegen. Er ist Teil eines heute Oberbaum-City und früher »Lampenstadt« genannten Areals. Von hier exportierten die 1918 gegründeten Osram-Werke einst Glühbirnen in die ganze Welt. *Tatamtatamtatam*.

DIE UNTERGEHENDE SONNE streichelt Berlin. Wer gerade Streit hatte mit der kauzigen Dame an der Spree, verträgt sich wieder mit der Stadt. Das Licht ist mittlerweile bernsteinfarben und die Sonne ein camparifarbener Ball auf Höhe der Kapsel des Fernsehturms. Gleich sagt sie Tschüss. Zurück Richtung Osten blicken wir nicht – Rewe, Aldi und das Ostkreuz können uns gestohlen bleiben.

Wir fragen uns, wie es denn hier in der kalten Jahreszeit so wäre – mit dem metallischen Licht des Winters und Schnee auf den Gleisen. Oder zum Sonnenaufgang, wenn sich die Verstrahlten aus den umliegenden Technoclubs hier treffen. Und wir befragen Google, wer denn dieser Modersohn eigentlich war, nach dem die Brücke benannt ist. Otto Modersohn, heißt es dort, war ein Maler, der 1856 in Soest geboren wurde und 1943 in Rotenburg (Wümme) starb. Er malte Landschaften, keine Stadtansichten. Mit Berlin hatte er kaum was am Hut. Warum also dieser Name für diese Brücke? *Tatamtatamtatam.*

WENN MAN SCHON MAL HIER IST:

Nach dem Vorglüherchen auf der Modersohnbrücke ist es Zeit, richtig durchzustarten. Also ab aufs **RAW-Gelände** ▢→ an der Revaler Straße! Das Areal zieht sich von der Modersohnbrücke bis hin zur Warschauer Straße und bietet Clubs, Biergärten, einen Kletterbunker, eine Skatehalle, viel Urban Art, Bars, Restaurants und selbst einen Pool zwischen maroden Mauern. Das RAW-Gelände ist zudem Teil unseres nächsten Stadtabenteuers.

ALLES SO SCHÖN BUNT HIER

DREI STUNDEN KURZWEILE: STREET-ART-TOUR MIT ALTERNATIVE BERLIN

<--FRIEDRICHSHAIN

SU WARSCHAUER STRASSE

+++ **S T E C K B R I E F** +++
WO? START VORM REWE, REVALER STR. 2 +++ U1/3 ODER S3/5/7/9/75 WARSCHAUER STRASSE +++ **WANN?** MITTWOCH UND FREITAG, MANCHMAL AUCH SAMSTAG UM 13 UHR +++ ALTERNATIVE BERLIN.COM +++ **WIE LANGE?** CA. 3 STUNDEN +++ **WICHTIG!** DIE TOUREN SIND IN DER REGEL ENGLISCHSPRACHIG! +++ **WIE VIEL?** 14 EURO +++

ZUM SCHLUSS TUT UNS DER NACKEN WEH

vom vielen Nach-oben-Gucken, aber es hat sich gelohnt. Nach drei Stunden mit Declan kennen wir die wichtigsten Street-Art-Künstler Berlins beim Namen, können sie auseinanderhalten und wiedererkennen. Declan, australischer Sprayer mit Wahlheimat Berlin, macht sich gut als Tourguide. Eine coole Sau ist er obendrein: gepierct, tätowierte Musiknoten am Hals, Nylonjacke mit der Aufschrift »SV Falkensee Finkenkrug«. Wir ziehen mit ihm über das RAW-Gelände. RAW (Declan spricht die drei Buchstaben aus wie »ROH«) steht für »Reichsbahnausbesserungswerk«. Wo einst Eisenbahnen repariert wurden, dreht sich heute ein Farbkarussell zwischen Backsteinruinen. »Street-Art ist eines der ersten Anzeichen von Gentrifizierung. Nach den Künstlern kommen die, die das spannend finden, dann die Reichen«, sagt Declan.

WIR ERFAHREN, dass Graffiti in den düsteren Straßen der Bronx geboren wurden. Wir lernen überhaupt erst den Unterschied zwischen Graffiti (Reviermarkierung, oft als Schmiererei abgetan) und Street-Art (künstlerische Botschaften für alle) kennen. Wir hören, dass man Feuerlöscher mit Farbe befüllen und damit rumsauen oder Polizisten besprühen kann, wie es die Anarchos in Athen gerne tun. Wir lernen Throw-ups (schnell hingesprühte Buchstabenreihen) zu entziffern. Und wir wissen nun, was ein Burner ist. »Ein besonders auffälliges Piece, das sich sofort ins Auge brennt.«
Wir bestaunen technotanzende, mit Konfetti dekorierte Mädels, die der französische Künstler SOBR für seine *It's time to dance*-Reihe überall in der Stadt an Mauern geklebt hat. Rund 500-mal lässt SOBR in Berlin die Puppen tanzen. Seine Paste-ups, wie man die mit Kleister aufgezogenen Plakate im Szenejargon nennt, sind genauso illegal wie die meisten anderen Street-Art-Arbeiten. Die Strafen für Paste-ups seien in Berlin aber »really fair«, klärt uns Declan auf. »10 Euro in Berlin. 600 Euro in Australien.« Dann spazieren wir über die Oberbaumbrücke und hinein nach Kreuzberg.

DORT STEHEN WIR vor einem monumentalen Werk des italienischen Street-Art-Künstlers Blu, eines Big Names der Szene. Es ziert das Gebäude des Clubs Musik und Frieden. Unzählige »Menschenmonster« formen eine Gestalt namens Pink Man, die Arbeit gehört zu den bekanntesten Murals Berlins. Blus große Themen: »Fuck Kapitalism«, »Fuck Fascism«.

»Fuck the System« ist hingegen das Motto der Kreuzberger Crew Berlin Kidz, die mit vertikalen Schriftsäulen in Blau und Rot auf sich aufmerksam macht. Declan zeigt uns ein besonders schönes Exemplar im Wrangelkiez. Rund 400 Arbeiten der rotzfrechen Street-Art-Rebellen verteilen sich über die Stadt. Nicht wenige davon entstanden unter Lebensgefahr beim Abseilen an den Häuserwänden. So schräg und durchgeknallt ist die Crew, zu der auch Trainsurfer, Parkourläufer und Stadtguerillas gehören, dass schon Filme über sie gedreht wurden.

Wir machen uns auf den Heimweg. An unserer Haustür ein neues Throw-up in silbernen Lettern. Ist das Kunst oder kann das weg? Die Meinung unseres Vermieters ist uns bekannt.

WENN MAN SCHON MAL HIER IST:

Nach der Tour lässt man sich am besten noch ein wenig durch die bunten Straßen südlich der Oberbaumbrücke treiben. Für später schlagen wir die **Kirk Bar** ⟶ vor, eine leicht angestaubte, völlig verrauchte Location, was man Stuck und Decken ansieht. Gute Drinks, Augustiner vom Fass, gemischtes Publikum, das sehr laut schwätzt (Skalitzer Str. 75, kirkbar-berlin.de, tägl. ab 18 Uhr, außer So).

WENN MAN SCHON MAL IN FRIEDRICHSHAIN IST

+++ SEHEN +++

+++ ESSEN +++

+++ AUSGEHEN +++

+++ SHOPPEN +++

+++ SCHLAFEN +++

++++++++++++++ SEHEN ++++++++++++++

□↑ **KARL-MARX-ALLEE**
Über zwei Kilometer erstreckt sich zwischen Strausberger Platz und Frankfurter Tor die einstige »antiimperialistische« Prachtmeile des Arbeiter- und Bauernstaates aus den frühen 1950er-Jahren. Als Stalinallee schrieb sie Geschichte. Von wenigen Unterbrechungen abgesehen reihen sich hier Zuckerbäckerbauten im stalinistischen Neoklassizismus aneinander. Mit den sieben- bis neungeschossigen Gebäuden wollte man nicht nur etwas gegen die Wohnungsnot in der DDR tun, sondern auch die Ingenieurskunst des neuen Staates repräsentieren. Die Fassaden versah man mit ornamentaler Keramik, Mosaiken, Säuleneingängen und Balustraden. 1961 wurde die Stalinallee in »Karl-Marx-Allee« umbenannt. Heute tut sie sich schwer, an ihren einstigen Glanz anzuknüpfen.
+++ **U5 STRAUSBERGER PLATZ, WEBERWIESE ODER FRANKFURTER TOR** +++

BOXHAGENER PLATZ

Der »Boxi« ist ein denkmalgeschützter Platz, in seiner Mitte ein grünes, baumbestandenes Karree. Besonders an Wochenenden kommen viele Besucher, Berliner genauso wie Berlintouristen. Samstags findet auf dem Platz ein Wochenmarkt statt, auf dem auch Bauern aus der Umgebung hochwertige Lebensmittel verkaufen. Sonntags folgt ein bunter Flohmarkt, bei dem kleine Combos aufspielen. Außenrum originelle Lädchen, Cafés, Kneipen, Restaurants und eine ganze Reihe von Clubs um die Ecke.
+++ U5 SAMARITERSTRASSE +++

EAST SIDE GALLERY □→

»Politik ist die Fortsetzung des Krieges mit anderen Mitteln« – solche und andere Sprüche sind hier zu lesen, dazu gibt es jede Menge farbenprächtige, oft mit politischem Symbolkitsch aufgeladene Großbilder. Der rund 1,3 Kilometer lange Mauerstreifen, der in der Wendeeuphorie von über 100 Künstlern aus aller Welt bemalt wurde, zieht sich von der Oberbaumbrücke bis zum Ostbahnhof. Die Malereien mussten, da immer wieder übersprüht und verschmiert, schon mehrmals erneuert werden. Sie befinden sich an der Ostseite der Mauer, dort, wo früher der Todesstreifen verlief.
+++ U1/3 ODER S3/5/7/9/75 WARSCHAUER STRASSE
+++ EASTSIDEGALLERY-BERLIN.DE +++

++++++++++++++ ESSEN ++++++++++++

KHWAN

In einem provisorisch wirkenden Bretterschuppen auf dem RAW-Gelände wird unschlagbar gute nordthailändische Grillküche serviert. Am besten bestellt man ein mehrgängiges »Banquet« (pro Person 29 Euro) mit diversen Geschmacksfeuerwerken.

+++ REVALER STR. 99 +++ U1/3 ODER S3/5/7/9/75 WARSCHAUER STRASSE +++ KHWANBERLIN.COM +++ NUR FR/SA 17.30–21.30 UHR +++

MUTZENBACHER

Liebevoll eingerichtetes Lokal mit österreichischer Küche, das sich selbst »Schnitzelpuff« nennt. Neben Schnitzel auch leckere Frittatensuppe und Backhendlsalat.

+++ LIBAUER STR. 11 +++ U1/3 ODER S3/5/7/9/75 WARSCHAUER STRASSE +++ MUTZENBACHER-BERLIN.DE +++ 030/95616788 +++ MO-FR 17-23 UHR, SA/SO AB 12 UHR +++

BURGERAMT

Buntes Burgerrestaurant direkt am »Boxi«. Das Fleisch kommt vom weißen Charolais-Rind. Dazu hausgemachter Krautsalat mit Cranberrys.

+++ KROSSENER STR. 21-22 +++ U5 SAMARITERSTRASSE +++ BURGERAMT.COM +++ 030/7554001 +++ TÄGL. AB 12 UHR +++

NEUMANNS

Motto des brummenden Hipstercafés: Kaffee und Brot. Im Klartext: super Kaffee und super Stullen aus hausgebackenem Natursauerteigbrot.

+++ GABRIEL-MAX-STR. 18 +++ U1/3 ODER S3/5/7/9/75 WARSCHAUER STRASSE +++ NEUMANNS-CAFE.DE +++ 030/81724983 +++ TÄGL. 9-18 UHR +++

++++++++++++ AUSGEHEN ++++++++++++

BERGHAIN

Viel besungener Technoladen in einem düsteren ehemaligen Heizkraftwerk. Legendärer Türsteher, der zuletzt am liebsten Schwarzgekleidete in die heiligen Hallen ließ.

+++ AM WRIEZENER BAHNHOF +++ S3/5/7/9/75 OSTBAHNHOF +++ BERGHAIN.DE +++ FR/SA AB 24 UHR +++

HOLZMARKT

Ein zusammengezimmertes Dorf Kunterbunt mit Cafés, Projekträumen, Restaurant und lauschigen Ecken direkt an der Spree – und dem Technoclub Kater Blau, in dem berauschende Partymarathons steigen.

+++ HOLZMARKTSTR. 25 +++ S3/5/7/9/75 OSTBAHNHOF +++ HOLZMARKT.COM +++

++++++++++++ SHOPPEN ++++++++++++

THIS CITY ROCKS

Hier gibt es Accessoires wie Taschen oder Strümpfe, auf denen die typischen Berliner Motive wie Brandenburger Tor oder Fernsehturm sehr dezent und stilvoll verarbeitet sind.

+++ LIBAUER STR. 23 +++ U1/3 ODER S3/5/7/9/75 WARSCHAUER STRASSE +++ THISCITYROCKS.DE +++ MO-FR 12-19 UHR, SA AB 11 UHR +++

SAVAGE STORE
Feine Fetisch-Mode: Latexklamotten, heiße Schuhe und noch heißere Masken ...
+++ GUBENER STR. 29 +++ U 1/3 ODER S 3/5/7/9/75 WARSCHAUER STRASSE +++ SAVAGE-WEAR.COM +++ DI/MI 13-18 UHR, DO/FR 13-20 UHR, SA 11-18 UHR +++

++++++++++ SCHLAFEN +++++++++++++

HOTEL MICHELBERGER
Altbackener Name, aber verdammt viel Coolness. Im historischen Fabrikgebäude gibt es 119 liebevoll und clever durchgestylte Zimmer von Cosy bis Luxus. Relaxte, schöne Bar und gutes Restaurant mit hübschem Innenhof. DZ ab 95 Euro.
+++ WARSCHAUER STR. 39/40 +++ U1/3 ODER S3/5/7/9/75 WARSCHAUER STRASSE +++ MICHELBERGERHOTEL.COM +++ 030/29778590 +++

□↑ EASTERN COMFORT
Hostel in einem ausrangierten Boot, das vor der East Side Gallery bzw. neben der Oberbaumbrücke auf der Spree dümpelt – beste Lage für Party People! Im Sommer sind die unteren Zimmer kühler. Nett die Lounge und die Sonnendecks. Ein DZ mit privatem Bad kostet ca. 93 Euro, Frühstück ist leider nicht dabei.
+++ MÜHLENSTR. 73 +++ U1/3 ODER S/3/5/7/9/75 WARSCHAUER STRASSE +++ EASTERN-COMFORT.COM +++ 030/66763806 +++

8 ABSEITS VOM SCHUSS

+++ ERLEBEN +++

ZITADELLE SPANDAU ×236

BERLIN

BIG EAR IS HEARING YOU
228×

LIEBERMANN-VILLA UND
HAUS DER WANNSEE-KONFERENZ

**216 ZWISCHEN SIXPACK
UND BURKINI**
×236

235

234 ×

POTSDAM

BOTANISCHER
GARTEN

210

»DIE UMGEBUNG VON BERLIN ist ein Sandmeer. Man muss den Teufel im Leib gehabt haben, als man hierher eine Stadt baute.« (Stendhal) Auf diesem Sandmeer gibt es viel zu sehen und viel zu erleben. Dafür muss man aber gar nicht nach »Jwd«, sprich »Jottweedee«, sprich »Janz weit draußen« fahren. Ein paar S-Bahn-Stationen reichen schon, um sich in einer anderen Berliner Welt wiederzufinden. Hier unsere Stadtabenteuer abseits des touristischen Schusses!

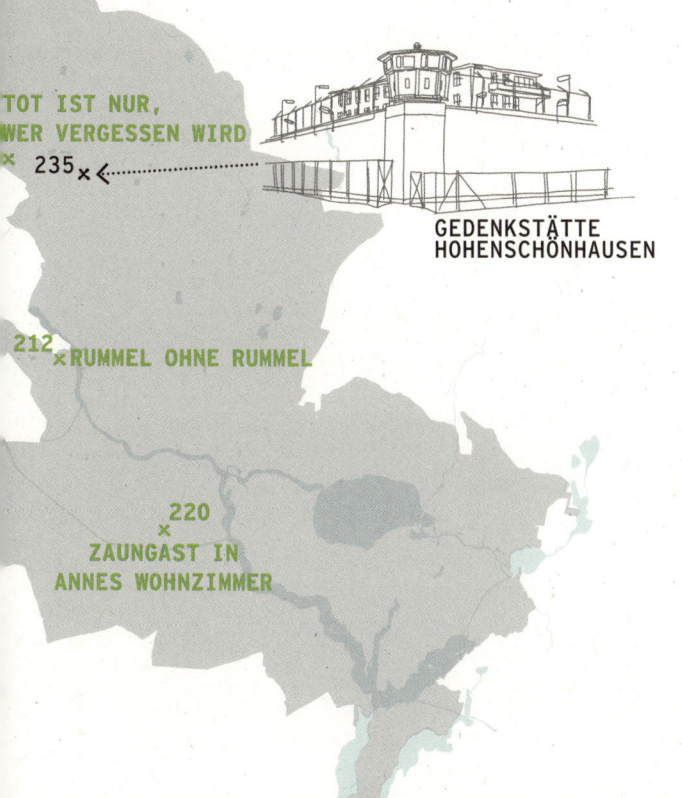

TOT IST NUR, WER VERGESSEN WIRD
235

GEDENKSTÄTTE HOHENSCHÖNHAUSEN

212
RUMMEL OHNE RUMMEL

220
ZAUNGAST IN ANNES WOHNZIMMER

8

ABSEITS VOM SCHUSS

RUMMEL OHNE RUMMEL

EINE FÜHRUNG DURCH DEN LOST PLACE SPREEPARK

BERLIN

+++ **STECKBRIEF** +++
WO? DAMMWEG ECKE WASSERWEG, TREPTOW +++ S8/9/85 PLÄNTERWALD, VON DA NOCH 1,5 KILOMETER BZW. 20 MINUTEN ZU FUSS +++ **WANN?** FÜHRUNGEN FINDEN SAMSTAGS UND SONNTAGS VON 11 BIS 16 UHR STÜNDLICH STATT, IM SOMMER ZUDEM DONNERSTAGS +++ SPREEPARK.BERLIN +++ **WIE LANGE?** CA. 90 MINUTEN +++ **WICHTIG!** IM SPREEPARK IST ALLES IM UMBRUCH; CHECKEN SIE DIE WEBSEITE WEGEN EVENTUELLER VERÄNDERUNGEN! +++ **WIE VIEL?** 5 EURO, KINDER 3 EURO +++

212 GÜNSTIG, FAMILIENFREUNDLICH

MACHT MAN DIE AUGEN ZU und lässt die Fantasie spielen, sieht man Kinder lachen, atmet den Duft gebrannter Mandeln, spürt den Wind der Karussellfahrt im Haar. Glaubt die Hufe der anreitenden Cowboys zu hören oder den Aufschrei, wenn die Achterbahn nach dem höchsten Punkt im Looping ihre Höllenfahrt aufnimmt. Macht man die Augen auf, sieht man einen verwunschen-melancholischen Ort. Die rostigen Ruinen einstiger Fahrgeschäfte. Ausgetrocknete Teichlandschaften. Und viel Dschungel. Dürfte man die Wege verlassen, käme man sich vor wie der Jäger auf der Suche nach dem verlorenen Rummel. Oder wie ein Archäologe, der das Riesenrad entdeckt und sich fragt, was die Menschheit wohl einst damit bezweckte. Über 1,5 Millionen Besucher zählte der Freizeitpark in seinen besten Jahren. 2001 musste man Insolvenz anmelden.

SEITDEM EROBERT DIE NATUR den Spreepark zurück. Biber bauen Nester. Frösche quaken. Fledermäuse und Greifvögel segeln darüber. Nur die Saurier der *Dino World* überlebten den Niedergang nicht. Am Einstieg zur Achterbahn, die »Spreeblitz« hieß, stehen die Wagen noch immer zur Abfahrt bereit. Aus dem Gleisbett wachsen Bäume. Nach der Schließung gab es hier Theater- und Technofestivals. Cate Blanchett kam für Dreharbeiten zum Actionthriller *Wer ist Hanna?* (2011). Heute werden Führungen durch das Areal angeboten, ein Sicherheitsdienst begleitet uns dabei über das Gelände. Die Security-Stiernacken sollen nicht nur Vandalismus und Diebstahl vorbeugen, sondern auch Sorge dafür tragen, dass niemandem etwas passiert. Denn die Hinterlassenschaften des Vergnügungsparks haben ihre Tücken. Das Riesenrad beispielsweise, gerade wegen Generalsanierung zerlegt, drehte sich bis vor Kurzem noch immer. »Ohne Motor«, sagt unser Führer, »der Wind machte es möglich.« Aber was passiert, wenn der Wind abflaut? Nicht nur einer, der über den Zaun stieg und eine Runde drehen wollte, musste von der Feuerwehr aus luftiger Höhe gerettet werden.

DIE FÜHRUNG IST EINE REISE in die Vergangenheit und Zukunft, zu Visionen von einst und heute. Zum 20-jährigen Jubiläum der DDR wurde der Spreepark als *Kulturpark Plänterwald* eröffnet. Wir bekommen Fotos gereicht, die den fröhlichen Sozialismus zeigen. Nach der Wende wurde der Park privatisiert, Millionen wurden investiert. Auf einem alten Übersichtsplan ist mit Nummern vermerkt, was es wie wo zu erleben gab. Mangels Parkplätzen kamen zu wenige Besucher. Nach der Insolvenz versuchte der Geschäftsführer sein Glück in Peru, sechs Fahrgeschäfte nahm er mit. 2004 kam er zurück, mit 167 Kilo Kokain in einem Karussell versteckt (die Vorlage für den Film *Achterbahn* von 2009). Was künftig aus dem Areal werden soll, präsentiert man uns anhand von Entwürfen, die die landeseigene Grün Berlin GmbH in Auftrag gab. Ab 2024 will Grün Berlin das Gelände als Natur-, Kultur- und Erholungspark wieder mit Leben füllen und schrittweise eröffnen. Spätestens 2026 soll sich auch das Riesenrad wieder drehen. Die Betonung liegt auf »soll«. Wir sind schließlich in Berlin.

WENN MAN SCHON MAL HIER IST:

Vom Spreepark ist es nur ein kurzes Stück zur **Insel Berlin** □→, eine über eine Brücke erreichbare, idyllisch gelegene Spreeinsel samt Biergarten (Alt-Treptow 6, Mo–Sa ab 12 Uhr, So ab 11 Uhr, inselberlin.de) und Bootsverleih. Hier kann man das Erlebnis »Spreepark« bei Pulled Pork, Würsten von glücklichen Schweinen und Pilsner Urquell aus dem Tank (!) entspannt nachwirken lassen.

ZWISCHEN SIXPACK UND BURKINI

CHILLAXEN IM STRANDBAD WANNSEE

BERLIN

+++ **STECKBRIEF** +++
WO? WANNSEEBADWEG 25, WANNSEE +++ S1 NIKOLASSEE; VON DA 10 MINUTEN ZU FUSS, WÄHREND DER BERLINER SOMMERFERIEN BUSSHUTTLE 312 BIS ZUM EINGANG +++ **WANN?** ENDE APRIL BIS MITTE SEPTEMBER +++ BERLINERBAEDER.DE +++ **WIE LANGE?** SO LANGE MAN WILL +++ **WICHTIG!** KEINE MESSER, KEINE SHISHAS! +++ **WIE VIEL?** TICKET 5,50 EURO, KINDER 3,50 EURO +++

GÜNSTIG, FAMILIENFREUNDLICH

»PACK DIE BADEHOSE EIN, nimm dein kleines Schwesterlein, und dann nischt wie raus nach Wannsee.« Wir sind Conny Froboess' Aufruf gefolgt und sitzen nun auf unserem Strandtuch. Goldener Sand aus Travemünde an der Ostsee (!), der einst güterwaggonweise angefahren wurde, rieselt zwischen unseren Zehen hindurch. Ein Hundstag Ende Juli, die Stadt brät vor sich hin. Dass viele weitere Brüderlein und Schwesterlein der »Badewanne Berlins« heute einen Besuch abstatten, wundert nicht. Platz hat es für alle: Der Sandstrand ist über 1.200 Meter lang, nicht mal die Ferieninsel Malta hat einen Strand dieser Größe zu bieten! Das Wasser ist von der Sonne aufgeheizt, um die 25 °C dürften es sein. Ein Karneval der Kulturen planscht darin. Auch uns zieht es hinein ins seichte Nass. Das Wannseebad ist der Treff der Nichtschwimmer, der Wassersteher.

DIE KNAPPSTEN BIKINIS werden hier ausgeführt, dazu züchtige Burkinis und Badeshorts in Leuchtfarben an gestählten Körpern. Viel Testosteron flirrt durch die Luft. In weiß-blauen Strandkörben wird gelümmelt und geknutscht, während der Bademeister ins Mikro ruft: »Strandkörbe erst mieten, dann reinsetzen!« Im Schatten wunderschöner Trauerweiden dösen Hipster. Nebenan picknicken muslimische Großfamilien unter Schirmen. Und ständig geht ein Kind verloren: »Der kleine Zehab sucht seine Mami«, scheppert es dann aus den Lautsprechern. Das Wannseebad ist very Berlin: kunterbunt, ein wenig durchgeknallt, liebenswert unperfekt. Lokalkolorit hoch zehn.

Eine Bretterwand im Norden schützt den ruhigen FKK-Bereich vor Spannerblicken. Jeder zehnte Besucher badet nackt. Das wäre früher undenkbar gewesen. Weit über 100 Jahre hat das Traditionsbad auf dem Buckel. Als es eröffnete, war selbst das »Baden mit dreieckiger Unterhose« nicht gestattet. Zum Glück ist das heute anders. Zum Glück kommen heute auch weniger Gäste. Es gab einst Tage, da zählte man über 30.000 Besucher. Mittlerweile ist man froh, wenn so viele im ganzen Monat kommen. Ein Ort mit viel Temperament ist das Strandbad dennoch geblieben.

SPÄTER HOLEN WIR UNS AM KIOSK das, was sich hier jeder holt: Pommes Rot-Weiß und als Nachtisch eine ganze Ladung Gummifrösche und Colaflaschen – da werden Kindheitserinnerungen wach. Dann spazieren wir den Strand entlang, mit unseren Flip-Flops in der Hand. Im Süden des Bads gibt es eine Segelschule, die auch Tretboote verleiht. Wir steigen ein. Im weichen Licht des Abends fahren wir hinaus, den weißen Segelyachten auf dem glitzernden See entgegen, der eigentlich nichts anderes ist als eine Ausbuchtung der Havel. Während uns der warme Wind ins Gesicht weht, nähern wir uns der ausladenden Halbinsel gegenüber dem Bad. Bootsstege schirmen das Ufer ab. Prächtige, von viel Grün umgebene Villen stehen dahinter. In einer davon pflegte der jüdische Impressionist Max Liebermann seine Sommer zu verbringen (siehe S. 236). Die Idylle bekommt wenige Meter weiter einen schalen Beigeschmack: Im sogenannten »Haus der Wannsee-Konferenz«, einer ehemaligen Fabrikantenvilla, beschlossen die Nazis die »Endlösung der Judenfrage«.

WENN MAN SCHON MAL HIER IST:

Vom Strandbad Wannsee kann man mit dem Fahrrad ganz gemütlich entlang der Nordseite der Insel Wannsee bis nach Potsdam radeln. Unterwegs bietet sich ein Abstecher auf die romantische **Pfaueninsel** ⟶ an (Fährverbindung). Das märchenhafte Eiland ist ein Gesamtkunstwerk aus preußischer Zeit, mit einem Schlösschen, einem Rosengarten und umherstolzierenden Pfauen.

ZAUNGAST IN ANNES WOHNZIMMER

ALS ZUSCHAUER BEIM LIVE-POLITTALK »ANNE WILL«

BERLIN

+ + + S T E C K B R I E F + + +
WO? AM STUDIO 20B, ADLERSHOF +++ S8/9/45/46/85 ADLERSHOF +++ **WANN?** JEDEN SONNTAG UM 21.45 UHR (AUSSER IN DEN SENDEPAUSEN) +++ TVTICKETS.DE +++ **WIE LANGE?** INKL. TICKETABHOLUNG, EINWEISUNG UND SHOW 2 STUNDEN +++ **WICHTIG!** KÜMMERN SIE SICH SCHON MEHRERE MONATE IM VORAUS UM TICKETS! UND VERGESSEN SIE IHREN AUSWEIS NICHT! +++ **WIE VIEL?** TICKET 13,50 EURO +++

220 GÜNSTIG

WENN FERNSEHEN LIVE GEHT, ist die Zeit getaktet, ist Trödeln ein Unding. Um Punkt 20.45 Uhr werden wir eingelassen in das gläserne Foyer H der Studios Berlin-Adlershof. Wir, die rund 100 Zuschauer des heutigen Polittalks von Anne Will. Meist Pärchen. An der Garderobe müssen wir nicht nur unsere Jacken, sondern auch unsere Taschen samt ausgeschaltetem Handy abgeben. Die Sicherheitsvorkehrungen sind streng. Wir werden abgetastet. Nicht einmal einen Stift darf man in Annes heilige Halle mitnehmen. Wir holen uns Orangensaft und Butterbrezeln – gibt's auf Kosten des Hauses –, setzen uns auf ein rotes Ledersofa und nutzen die Wartezeit dazu, unser Recht am Bild schriftlich abzutreten. Wir stimmen also zu, gleich gefilmt und im Fernsehen gezeigt zu werden.

21.15 UHR. DIE SPANNUNG STEIGT. Wichtig aussehende Männer mit dunklen Anzügen und Walkie-Talkies im Ohr geleiten uns ins Studio. Schick, schick. Über uns ein Wald aus Scheinwerfern, der die eierschalenfarbenen Sessel ins Rampenlicht setzt. Jeder bekommt seinen Platz zugewiesen. Wir werden in die erste Reihe gesetzt, direkt neben eine Vorklatscherin (!). Die gibt es also wirklich. »Am wichtigsten ist der Applaus am Anfang und am Ende der Sendung«, informiert uns wenig später der junge Aufnahmeleiter.
Noch etwa sieben Minuten bis zum Start der Sendung. Anne Will und ihre Gäste laufen ein. Die Gäste setzen sich. Anne Will tritt auf uns zu, fernsehgerecht überschminkt. Enge schwarze Jeans, silberne Sneakers, beigefarbener Blazer. »Bitte seien Sie interessiert!«, gibt sie uns mit auf den Weg. Sie setzt sich. Stille. Dann der Einsatz des Aufnahmeleiters: »Fünf, vier, drei, zwei, eins. Auf Sendung!« Applaus. »Guten Abend, meine Damen und Herren, und herzlich willkommen«, begrüßt Anne Will ihr Publikum. Applaus, Applaus. Was nun folgt – die Vorstellung der Gäste, das Infofilmchen –, kennt jeder aus dem heimischen Wohnzimmer.

DORT IST DIE SICHT JEDOCH BESSER! Im Studio hampelt einem immer jemand vor der Nase herum. Allen voran die Kameramänner (tatsächlich nur Männer) und deren Kabelträger (vornehmlich Frauen). Vor ihnen diskutiert Anne Will mit Katrin Göring-Eckardt und einer Reinigungskraft über Grundrente und Mindestlohn. Das Thema heute – ein Berliner Dauerbrenner: »Arm trotz Arbeit!« Die Moderatorin hat einen leichten Job, die Runde gibt sich wenig kontrovers. Die Politiker sind davon ja auch nicht sonderlich betroffen. Dennoch vergeht die Zeit wie im Flug. Im TV gibt es ja auch mehr zu gucken als vor dem TV. Der Aufnahmeleiter hält ein laminiertes Blatt mit der Zahl 3 hoch. Also noch drei Minuten. Ohne Hektik bringt Anne Will die Talker zum Schweigen, verabschiedet sich vom Fernsehpublikum. Applaus, Applaus. Und aus die Maus.

Kurz bevor wir aus dem Studio geleitet werden, bekommen wir von Anne Will noch ein Dankeschön mit auf den Nachhauseweg. In der S-Bahn klingelt das Handy. Gabis Mutti. »Du, ich habe euch gar nicht gesehen. Wo habt ihr denn gesessen?«

WENN MAN SCHON MAL HIER IST:

Die beschauliche, von Wasser umspülte **Altstadt von Köpenick** liegt nur 15 Tram-Minuten von Adlershof entfernt. Hier lässt sich vor dem Polittalk ein gemütlicher Nachmittag verbringen. Man kann das **Schloss** besichtigen (darin eine Ausstellung des Kunstgewerbemuseums), ein Bierchen in der **Schlossplatzbrauerei** trinken oder im Restaurant **Ratskeller** Eisbein essen. Das befindet sich unter dem **Rathaus** □→, vor dem man wiederum dem legendären **Hauptmann von Köpenick** ein Denkmal setzte.

TOT IST NUR, WER VERGESSEN WIRD

EIN SPAZIERGANG ÜBER DEN JÜDISCHEN FRIEDHOF IN WEISSENSEE

BERLIN

+ + + **STECKBRIEF** + + +
WO? HERBERT-BAUM-STR. 45 +++ U2/5/8 UND S3/5/7/9 ALEXANDERPLATZ, DANN M4 BIS ALBERTINENSTRASSE +++ **WANN?** MO BIS DO 7.30-17 UHR (OKT. BIS MÄRZ BIS 16 UHR), FR 7.30-14.30 UHR, SO 8-17 UHR (OKT. BIS MÄRZ BIS 16 UHR) +++ JEWISH-CEMETERY-WEISSENSEE.ORG +++ **WIE LANGE?** 1 BIS 3 STUNDEN +++ **WICHTIG!** SAMSTAGS UND AN JÜDISCHEN FEIERTAGEN GESCHLOSSEN! MÄNNLICHE BESUCHER MÜSSEN EINE KOPFBEDECKUNG TRAGEN, DIE MAN VOR ORT LEIHEN KANN! +++ **WIE VIEL?** KOSTENLOS +++

»ES KEHRT DER Staub zur Erde zurück, wie er gewesen, und der Geist zu Gott, der ihn gegeben.« So die Inschrift über dem Arkadengang zur Trauerhalle. Sie steht gleich hinter dem Eingang des größten jüdischen Friedhofs Europas. Er wird noch heute genutzt, doch der Besuch ist vor allem eine Reise in die Vergangenheit. Eine Reise in jene Zeit, als Berlin zur Weltstadt aufstieg. Bei der Einweihung des Friedhofs 1880 hatte Berlin gerade etwas über eine Million Einwohner. Das Friedhofsareal lag außerhalb der Stadt. Ein halbes Jahrhundert später war Berlin mit über vier Millionen Einwohnern die drittgrößte Stadt der Welt. Der Friedhof lag nun *in* der Stadt. Es herrschte reger Zuzug. Viele Juden kamen aus Osteuropa. Die Geburtsorte auf den Grabsteinen erinnern daran: Posen, Breslau, Witkowo, Czarnikau, Lissa, Moskau.

MOOS UND EFEU haben sich über viele Gräber gelegt, klettern die Stämme der Linden, Eichen und Pappeln hinauf. Überziehen den Friedhof mit einem grünen Zauber. Ein Ort der Vergänglichkeit. Den einen oder anderen in Stein gemeißelten Titel gibt es längst nicht mehr: Geheimer Kommerzienrat zum Beispiel, oder Königlich-preußischer Hofpianist. Das Erbe mancher Verstorbener aber hat die Zeiten überdauert. Wir begegnen bekannten Namen: Der Verleger Samuel Fischer hatte Ibsen, Schnitzler und Hesse unter Vertrag. Auf Adolf Jandorf geht das KaDeWe zurück. Der Name des Gastronomen Berthold Kempinski steht heute für eine Luxushotelkette. Ewig könnte man so fortfahren. Die Reichen ruhen in Mausoleen aus wilhelminischer Zeit oder in schmucken Jugendstilgräbern. Die schönsten davon findet man entlang der Rondelle und Außenmauern, darunter prächtige Familiengräber. Die Mosses nehmen eine ganze Wegkreuzung ein. Einen klassizistischen Tempel hat Rudolf Mosse, der Zeitungsmagnat, für seinen letzten Schlaf gewählt. Das Mosse-Haus in Mitte ist eine Ikone der Architektur der 1920er-Jahre. »Tot ist nur, wer vergessen wird«, lesen wir immer wieder.

ES ZIEHT WIE HECHTSUPPE auf dem Friedhofsareal, das so riesig ist, dass man sich darin verlieren kann. 60 Fußballfelder ist es groß, über 115.000 Grabstellen befinden sich darauf. Sie sind für die Ewigkeit gedacht, jüdische Gräber werden nicht eingeebnet. Der schwere Winterhimmel macht den Friedhof noch melancholischer, als er sowieso schon ist. Wir schlagen unsere Mantelkragen hoch und erreichen den Ehrenhain für die gefallenen jüdischen Soldaten des Ersten Weltkriegs – Musketiere, Kanoniere und Vizefeldwebel. »Sein Leben galt der Arbeit für das Volk und sein deutsches Vaterland«, steht auf einem Grabstein. Das deutsche Vaterland hat nicht gedankt. Der Ehrenhain entstand nach einem Entwurf Alexander Beers. Der Architekt starb im KZ Theresienstadt. Von den rund 170.000 Berliner Juden, die es zur Zeit der Machtergreifung der Nazis gab, wurden rund 55.000 ermordet. Wie viele Familien aus Verzweiflung Suizid begingen, weiß man nicht. Ihre Gräber sind aber leicht zu erkennen. Es sind die Gräber mit mehreren Toten, aber nur einem Todesdatum.

WENN MAN SCHON MAL HIER IST:

Der Ortsteil Weißensee erhielt seinen Namen vom fast runden **Weißen See**. Wer im Sommer nach der Besichtigung des Jüdischen Friedhofs einen Abstecher ins **Strandbad am Weißen See** ☐→ unternimmt, kommt vielleicht auf andere Gedanken. Im Strandbad kann man nicht nur schwimmen, sondern auch Tretboote leihen oder zum Sonnenuntergang einen Cocktail trinken (Berliner Allee 155, strandbadweissensee.de, bei gutem Wetter tägl. ab 10 Uhr).

BIG EAR IS HEARING YOU

TEUFELSBERG-TOUR: VON DER ABHÖRSTATION DER ALLIIERTEN ZUR STREET-ART-GALERIE

BERLIN

+++ STECKBRIEF +++
WO? MITTEN IM GRUNEWALD +++ S3/7 GRUNEWALD, VON DORT NOCH CA. 30 MINUTEN ZU FUSS +++ WANN? DEUTSCHSPRACHIGE FÜHRUNGEN FINDEN STETS SO UM 13 UHR STATT; DAS GELÄNDE KANN JEDOCH AUCH OHNE GUIDE BESUCHT WERDEN, UND ZWAR TÄGLICH AB 11 UHR BIS SONNENUNTERGANG +++ TEUFELS BERG-BERLIN.DE +++ WIE LANGE? CA. EINEINHALB BIS 2 STUNDEN +++ WIE VIEL? NORMALES TICKET 8 EURO, ERM. 5 EURO, FÜHRUNG 15 EURO, ERM. 10 EURO +++

LOST PLACE. Riesige Street-Art-Galerie. Und bizarres Relikt des Kalten Kriegs. Der Teufelsberg ist einer der skurrilsten Orte, den die ohnehin schon skurrile Ex-Frontstadt Berlin zu bieten hat. Vom Berg überblicken vier Kuppeln wie überdimensionierte Golfbälle den Grunewald. Unter ihrer weißen Kunststoffhaut drehten sich Satellitenanlagen, mittels derer die US-Amerikaner und Briten Signale und Funksprüche aus dem feindlichen Umland abhören und sich so ein Bild von den Militärbewegungen des Warschauer Paktes machen konnten. »Field Station« nannte man die Abhörstation offiziell, »Big Ear« inoffiziell. Heute ist das verfallene und vom Vandalismus heimgesuchte »Ohr« ein Megaanziehungspunkt für Instagramer, Geschichtsfans und Urban-Art-Aficionados. Trotz vieler Touristen auf dem Areal erwartet einen keine einfache touristische Kost.

UM VOM TEUFEL, der im Detail steckt, zu erfahren, schließt man sich am besten einer Tour an, so wie wir das an diesem warmen Junisonntag tun. Christopher McLaren, ehemaliger US-amerikanischer Abhörspezialist, plaudert hier gerne aus dem Nähkästchen. Heute aber führt er eine andere Gruppe übers Areal. Wir hingegen lauschen den Ausführungen des Künstlers und Journalisten Richard Rabensaat. Er weiß so viel über den Teufelsberg zu berichten, dass es uns schwerfällt, nur das Wichtigste in diesen kurzen Text zu quetschen. Allein die Entstehung des 120 Meter hohen Bergs bietet Stoff genug für eine eigene Story: Der Teufelsberg ist nämlich kein natürlicher Berg, sondern ein Berg aus den Trümmern des zerbombten Berlins. Aufgeschüttet auf den Resten der Wehrtechnischen Fakultät, die Hitler hier mitten in den Grunewald hatte klotzen lassen. »22 Jahre lang, von 1950 bis 1972, luden hier täglich bis zu 800 Lkw Schutt und Asche ab«, erzählt uns Richard. Wer auf dem Teufelsberg steht, hat etwa ein Drittel des zerstörten Berlins unter seinen Füßen. Die so entstandene höchste Erhebung West-Berlins bot sich zur Errichtung einer alliierten Abhörstation geradezu an. Die Berliner kamen zum Skifahren.

»**UNTEN WURDE ANALYSIERT** und dechiffriert, was oben ankam.« Etwa 1.500 meist sehr junge Menschen arbeiteten auf dem Teufelsberg im Dreischichtbetrieb. Ein harter Job bei Kunstlicht. Beim Spitzeln ließ man sich nämlich nicht zuschauen. Nur ein einziges Gebäude des bestens bewachten Areals hatte Fenster: die Kantine. Richard führt uns hinein. Die Kantine war auch der einzige Ort, an dem die sonst strikt getrennt arbeitenden britischen und amerikanischen Geheimdienstler aufeinandertrafen. Danach geht's zum Schredder. So groß ist das Trumm, dass es einen ganzen Raum für sich alleine hat. Tonnenweise Papier wurde hier jeden Tag vernichtet, denn die meisten protokollierten Funksprüche waren belanglos.

Auf dem Weg zur Aussichtsplattform mit den weißen Radiomen – dem absoluten Highlight der Tour – begucken wir Street-Art. Regelmäßig wird die Crème de la Crème der Graffitiszene auf den Berg gerufen: Akut, Caro Pepe, Nick Flat und El Bocho. Die Murals kommen und gehen. Der Teufelsberg bleibt hoffentlich. Noch jedoch ist die Zukunft des Areals ungewiss.

WENN MAN SCHON MAL HIER IST:

Der nahe S-Bahnhof Grunewald ist ein Ort mit schrecklicher Geschichte. Während des Dritten Reichs wurden von hier über 50.000 Juden in Güterwaggons gepfercht und in den Tod geschickt. Zwei Mahnmale erinnern daran, eines auf Gleis 17, das andere neben dem Bahnhof (Ausgang Fontanestraße nehmen). Eine 18 Meter lange Betonwand zeigt dort die Negativabdrücke menschlicher Körper und symbolisiert damit den Deportationszug ⟶

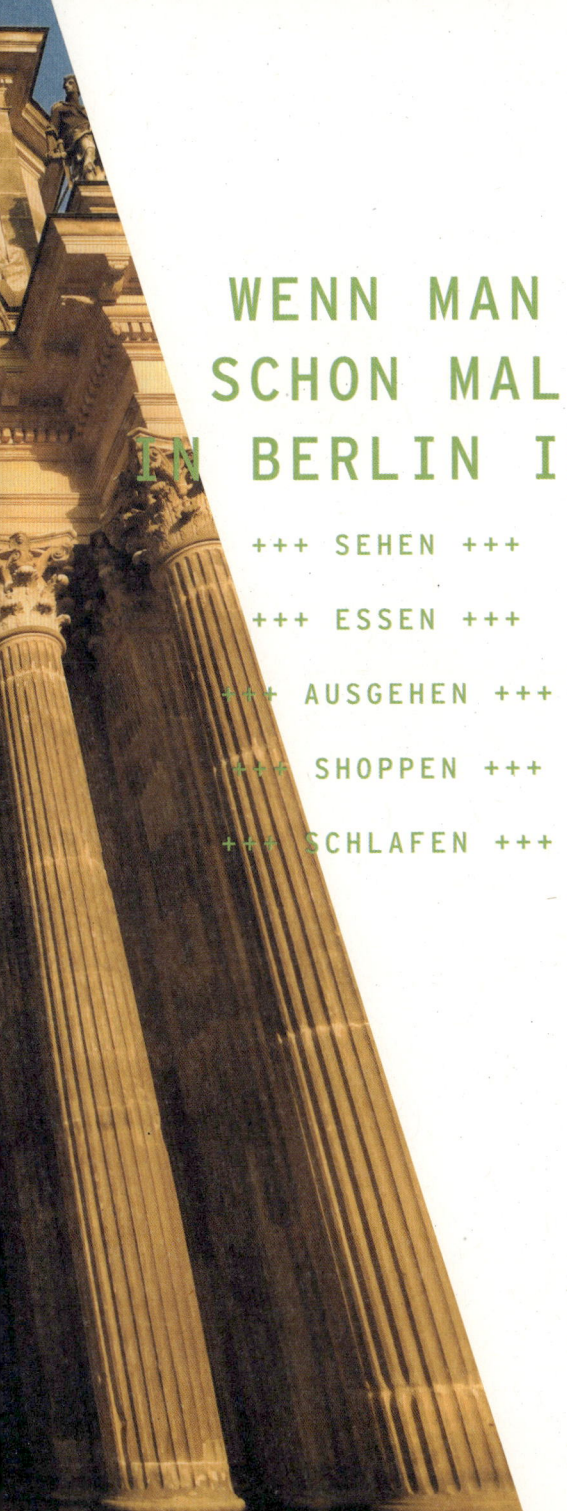

WENN MAN SCHON MAL IN BERLIN IST

+++ SEHEN +++

+++ ESSEN +++

+++ AUSGEHEN +++

+++ SHOPPEN +++

+++ SCHLAFEN +++

++++++++++++++ SEHEN ++++++++++++++

□↑ POTSDAM

Wunderschöne Parkanlagen und prächtige Schlösser, allen voran Sanssouci. Die Siedlung Alexandrowka mit ihren russisch anmutenden Holzhäusern. Das Holländische Viertel mit seiner eleganten Backsteinarchitektur. Interessante Museen wie das Barberini oder das Minsk, in denen der Mäzen Hasso Plattner seine Kunstsammlungen präsentiert. Dazu eine muckelige Altstadt, die übrigens auch ein Brandenburger Tor hat. Berlins kleine Schwester, die von Seen umarmt wird, verdient eigentlich eine eigene Reise, so viel gibt es hier zu sehen. Kurz reinschnuppern in Preußens Glanz und Gloria geht aber auch. Vom Berliner Hauptbahnhof ist man in einer halben Stunde mit der S-Bahn in Potsdam. Auch eine Schifffahrt über Havel und Schwielowsee ist keine schlechte Idee.

+++ S7 POTSDAM HBF +++

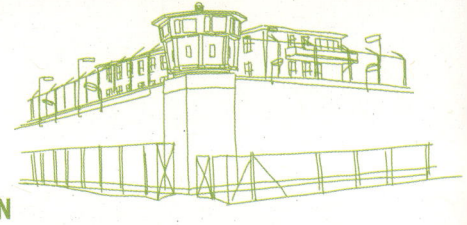

GEDENKSTÄTTE HOHENSCHÖNHAUSEN

Im DDR-Untersuchungsgefängnis Hohenschönhausen verschwanden Oppositionelle und Personen, die Fluchtversuche geplant oder unternommen hatten. Die Häftlinge wussten nicht, wo sie waren, wurden streng isoliert und schikaniert, oft monatelang verhört. Durch die Haftanstalt führen neben Historikern auch ehemalige Häftlinge. Deren Touren gehören mit zum Schockierendsten, was man in Berlin über die DDR erfahren kann.

+++ GENSLERSTR. 66 +++ TRAM 5 BIS GENSLERSTRASSE +++ STIFTUNG-HSH.DE +++ MÄRZ-OKT. TÄGL. 10-16 UHR STÜNDL. FÜHRUNGEN, NOV.-MÄRZ SA/SO EBENFALLS 10-16 UHR STÜNDL. FÜHRUNGEN, MO-FR FÜHRUNGEN NUR UM 11, 13 UND 15 UHR +++ TICKET 6 EURO, ERM. 3 EURO +++

BOTANISCHER GARTEN

Die Pflanzenschatzkammer der Freien Universität Berlin ist einer der bedeutendsten und größten botanischen Gärten überhaupt. 22.000 verschiedene Pflanzenarten aus aller Welt werden hier auf einer Fläche von der Größe des Vatikanstaates kultiviert. In den riesigen Schaugewächshäusern hat man ganze Tropenlandschaften nachgebaut.

+++ EINGÄNGE AN DER KÖNIGIN-LUISE-STR. 6-8 UND AN DER STRASSE UNTER DEN EICHEN, STEGLITZ +++ S1 BOTANISCHER GARTEN +++ BO.BERLIN +++ TÄGL. 9-20 UHR +++ KOMBITICKET MIT MUSEUM 6 EURO, ERM. DIE HÄLFTE +++

ZITADELLE SPANDAU

Die Spandauer Zitadelle, eine der besterhaltenen Renaissancefestungen Deutschlands, zählt heute zu den bekanntesten Konzertlocations Berlins. Sie ging aus einer slawischen Burganlage hervor. Im Inneren gibt es mehrere Ausstellungen, die spannendste nennt sich »Enthüllt« und zeigt Denkmäler aus dem Kaiserreich, der Nazizeit und der DDR, die aus dem Stadtbild entfernt wurden. Zudem kann man den Juliusturm aus dem 13. Jahrhundert besteigen, 146 Stufen sind es hinauf.

+++ AM JULIUSTURM 64 +++ U7 ZITADELLE +++ ZITADELLE-SPANDAU.DE +++ FR-MI 10-17 UHR, DO 13-20 UHR +++ TICKET FÜR ALLE AUSSTELLUNGEN 4,50 EURO, ERM. 2,50 EURO +++

LIEBERMANN-VILLA

Die schmucke Villa am Wannseeufer ließ sich Max Liebermann, einer der Hauptvertreter des deutschen Impressionismus, 1909 errichten. Hier verbrachte er in Gesellschaft der Berliner High Society seine Sommer. Im Garten entstanden rund 200 Gemälde, die heute den Schwerpunkt der sehenswerten Ausstellung in der Villa bilden. Angeschlossen ist ein Café mit herrlicher Terrasse.

+++ COLOMIERSTR. 3 +++ S1/7 WANNSEE, WEITER MIT BUS 114 BIS HALTESTELLE LIEBERMANN-VILLA +++ LIEBERMANN-VILLA.DE +++ APRIL-SEPT. TÄGL. (AUSSER DI) 10-18 UHR, SONST 11-17 UHR +++ TICKET 10 EURO, ERM. 6 EURO +++

++++++++++++ ESSEN ++++++++++++++

BLOCKHAUS NIKOLSKOE
Uriges Holzhaus mit Traumterrasse hoch über dem Wannsee. Keine Diätgerichte, dafür Roulade, Eisbein und Schnitzel zu Ausflugsgaststättenpreisen.
+++ NIKOLSKOER WEG 15, WANNSEE +++ S1/7 WANNSEE, WEITER MIT BUS 218 BIS PFAUENINSEL +++ BLOCKHAUS-NIKOLSKOE.DE +++ 030/8052914 +++ SO-DO 12-18 UHR, FR/SA BIS 20 UHR +++

HAFENRÄUCHEREI LÖCKNITZ
Wir lieben die Fischbrötchen dieses Imbisses mit zwei Räucheröfen direkt am Treptower Hafen.
+++ HAFEN TREPTOW +++ S8/9/41/42/85 TREPTOWER PARK +++ FISCHEREI-LOECKNITZ.DE +++ 030/53697839 +++ APRIL-OKT. TÄGL. 10-18 UHR +++

KONDITOREI FESTER
In diesem wunderbar altmodischen Café im Herzen Spandaus gibt es Dickmacher wie zu Omas Zeiten: Mokkacremetorte, Baumkuchentorte, Nusssahnetorte. Der ideale Ort nach der Besichtigung der Zitadelle.
+++ MARKT 4, SPANDAU +++ U7 ALTSTADT SPANDAU +++ KONDITOREI-FESTER.DE +++ 030/3335872 +++ MO-SA 9-18 UHR, SO AB 12 UHR +++

++++++++++++ AUSGEHEN ++++++++++++

←▢ ZITADELLE SPANDAU
Die Spandauer Festung (siehe S. 236) ist ein atmosphärischer Ort für Open-Air-Konzerte. Kümmern Sie sich rechtzeitig um Karten!
+++ AM JULIUSTURM 64 +++ U7 ZITADELLE +++ CITADEL-MUSIC-FESTIVAL.DE +++ 030/301068088 +++

PARKBÜHNE WUHLHEIDE
Noch ein Klassiker in Sachen musikalische Outdoorbespaßung. Unter Denkmalschutz stehendes Amphitheater aus den 1950er-Jahren. 17.000 Zuschauerplätze in Sitz- und Stehbereichen.
+++ AN DER WUHLHEIDE 187, OBERSCHÖNEWEIDE +++ S3 WUHLHEIDE +++ WUHLHEIDE.DE +++

++++++++++++ SHOPPEN ++++++++++++

DONG XUAN CENTER
Rund 250 Händler aus Vietnam, Indien, Pakistan und China verkaufen auf dem riesigen Areal Ramsch und Kitsch, aber auch seltsamste Kräuter und lebende Krebse.
+++ HERZBERGSTR. 128-139 +++ VON U2 ROSA-LUXEMBURG-PLATZ MIT TRAM M8 BIS HALTESTELLE HERZBERGSTR./INDUSTRIEGEBIET +++ DONG-XUAN-BERLIN.DE +++ TÄGL. (AUSSER DI) 10-20 UHR +++

DESIGNER OUTLET BERLIN
Etwa 100 internationale Fashion- und Lifestylemarken. Die Mode der letzten Saison zu Schnäppchenpreisen.
+++ ALTER SPANDAUER WEG, 14146 WUSTERMARK +++ FR/SA UM 9 UND 13 UHR KOSTENLOSER SHUTTLEBUS AB KURFÜRSTENDAMM 225 +++ MCARTHURGLEN.COM +++ MO-SA 10-20 UHR +++

++++++++++ SCHLAFEN +++++++++++++

SCHLOSSHOTEL BERLIN

Feudale Fünf-Sterne-Herberge mit dem Grunewald vor der Nase, untergebracht in einem über 100 Jahre alten Palast. Die Zimmer sind individuell gestylt – mal mit Tendenz zum Nostalgischen, mal in zeitgemäßem Schick. Parkähnlicher Garten, toller Spa-Bereich. DZ ab ca. 264 Euro.
+++ BRAHMSSTR. 10 +++ S7 GRUNEWALD +++ SCHLOSSHOTELBERLIN.COM +++ 030/8958430 +++

☐↑ CAMPINGPARK SANSSOUCI

Der am Ufer des Templiner Sees ca. fünf Kilometer südwestlich von Potsdam gelegene Platz ist der schönste und komfortabelste weit und breit! Top-Sanitäranlagen, Badestelle, gutes Restaurant. Man kann auch in hübschen »Weinfässern« übernachten. Nicht billig, Wohnmobil-Stellplatz ab ca. 52 Euro.
+++ AN DER PIRSCHHEIDE 41 +++ SHUTTLESERVICE INS ZENTRUM +++ CAMPING-POTSDAM.DE +++ 0331/9510988 +++

FOTOS:

Michael Bussmann: 2, 4, 5, 6, 7, 8 (2), 9 (2), 19, 23, 31, 39, 41, 43, 44/45, 46, 52/53, 61, 63, 65, 67, 71, 72/73, 74, 79, 80/81, 87, 89, 93, 96/97, 104/105, 109, 119, 123, 125, 127, 131, 132/133, 134, 138/139, 140/141, 145, 149, 153, 156/157, 160/161, 162/163, 164/165, 169, 171, 173, 175, 177, 179, 180/181, 184/185, 188/189, 193, 195, 200/201, 204/205, 208/209, 215, 217, 219, 223, 225, 227, 231, 232/233, 234, 237, 239

Gabriele Tröger: 12, 17, 27, 33, 35, 37, 50, 57, 59, 69, 85, 91, 95, 98, 111, 113, 115, 117, 129, 147, 151, 155, 158, 182, 197, 199, 202, 206/207, 221, 231

Coverfoto: perekotypole; 21: Vertical Sports Events GmbH; 25: Holger Happel (Berliner Unterwelten e. V.); 29: Thomas Rosenthal (Museum für Naturkunde); 102/103: Bikini Berlin; 121: Doris Belmont; 186/187: Hotel Oderberger; 213: Frauendorf Fotografie; 229: MSM Management GmbH

IMPRESSUM:

Text und Recherche: Gabriele Tröger und Michael Bussmann; Herausgeberschaft und Redaktion: Matthias Kröner; grafisches Konzept, Layout und Covergestaltung: Berit Kröner; Illustrationen: Mirja Schellbach; Lektorat: Dr. Felicitas Igel; Korrektorat: Eva Wagner; Druck: Westermann Druck Zwickau GmbH

ISBN 978-3-96685-185-5

© Copyright Michael Müller Verlag GmbH, Erlangen 2023. Alle Rechte vorbehalten. Alle Angaben ohne Gewähr.

Die in diesem Reisebuch enthaltenen Informationen wurden von den Autoren nach bestem Wissen erstellt und von ihnen und dem Verlag mit größtmöglicher Sorgfalt überprüft. Dennoch sind, wie wir im Sinne des Produkthaftungsrechts betonen müssen, inhaltliche Fehler nicht mit Gewissheit auszuschließen. Daher erfolgen die Angaben ohne jegliche Verpflichtung oder Garantie der Autoren bzw. des Verlags. Autoren und Verlag übernehmen keinerlei Verantwortung bzw. Haftung für mögliche Unstimmigkeiten. Wir bitten um Verständnis und sind jederzeit für Anregungen und Verbesserungsvorschläge dankbar.